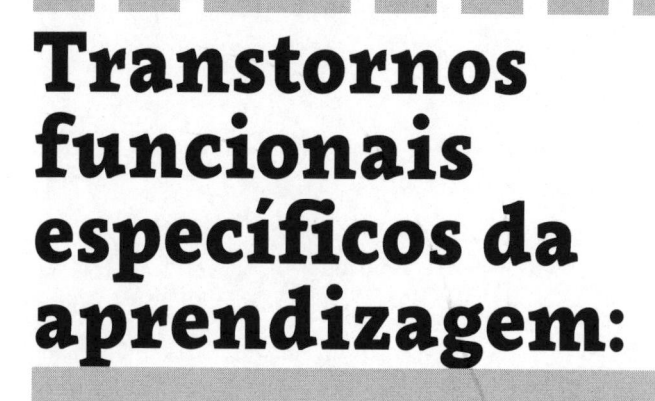

Transtornos funcionais específicos da aprendizagem:

identificação e intervenção

O selo DIALÓGICA da Editora InterSaberes faz referência às publicações que privilegiam uma linguagem na qual o autor dialoga com o leitor por meio de recursos textuais e visuais, o que torna o conteúdo muito mais dinâmico. São livros que criam um ambiente de interação com o leitor – seu universo cultural, social e de elaboração de conhecimentos –, possibilitando um real processo de interlocução para que a comunicação se efetive.

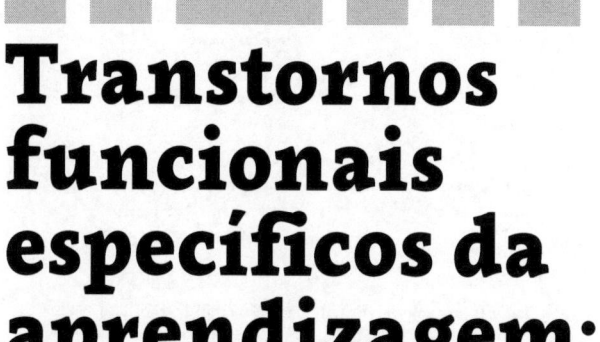

Transtornos funcionais específicos da aprendizagem:

identificação e intervenção

Járci Maria Machado

EDITORA intersaberes

Rua Clara Vendramin, 58 . Mossunguê . CEP 81200-170 . Curitiba . PR . Brasil
Fone: (41) 2106-4170 . www.intersaberes.com . editora@editoraintersaberes.com.br

Conselho editorial
Dr. Ivo José Both (presidente)
Drª Elena Godoy
Dr. Neri dos Santos
Dr. Ulf Gregor Baranow

Editora-chefe
Lindsay Azambuja

Gerente editorial
Ariadne Nunes Wenger

Preparação de originais
Thayana de Souza Araújo Dantas

Edição de texto
Palavra do Editor

Capa e projeto gráfico
Bruno Palma e Silva (design)
Orange Deer studio/Shutterstock
(imagem de capa)

Diagramação
Andreia Rasmussen

Equipe de design
Débora Gipiela
Iná Trigo

Iconografia
Sandra Lopis da Silveira
Regina Claudia Cruz Prestes

Dados Internacionais de Catalogação na Publicação (CIP)
(Câmara Brasileira do Livro, SP, Brasil)

Machado, Járci Maria
 Transtornos funcionais específicos da aprendizagem: identificação e intervenção/Járci Maria Machado. Curitiba: InterSaberes, 2020. (Série Pressupostos da Educação Especial)

 Bibliografia.
 ISBN 978-65-5517-695-7

 1. Dificuldade de aprendizagem 2. Dislexia 3. Educação inclusiva 4. Prática pedagógica 5. Transtorno de déficit de atenção com hiperatividade 6. Transtornos Funcionais Específicos (TFE) I. Título. II. Série.

20-37043   CDD-371.92

Índices para catálogo sistemático:

1. Transtornos funcionais específicos da aprendizagem: Educação inclusiva   371.92

Cibele Maria Dias – Bibliotecária – CRB-8/9427

1ª edição, 2020.

Foi feito o depósito legal.

Informamos que é de inteira responsabilidade da autora a emissão de conceitos.

Nenhuma parte desta publicação poderá ser reproduzida por qualquer meio ou forma sem a prévia autorização da Editora InterSaberes.

A violação dos direitos autorais é crime estabelecido na Lei n. 9.610/1998 e punido pelo art. 184 do Código Penal.

Sumário

13   Apresentação
15   Como aproveitar ao máximo este livroo
19   Introdução

Capítulo 1
21   **Educação inclusiva e os transtornos funcionais específicos**
22   1.1 Aprendizagem
27   1.2 Dificuldades, distúrbios e transtornos de aprendizagem
39   1.3 Transtornos funcionais específicos

Capítulo 2
61   **Dislexia**
62   2.1 Definições e características
67   2.2 Dislexia no início do processo de alfabetização
70   2.3 Avaliação e diagnóstico
73   2.4 Atendimento e orientações
75   2.5 Métodos de tratamento

Capítulo 3
83   **Disgrafia, disortografia e discalculia**
84   3.1 Disgrafia
95   3.2 Disortografia
101 3.3 Discalculia

Capítulo 4

119 **Transtorno do déficit de atenção com hiperatividade (TDAH)**

120   4.1 Definições e características
126   4.2 Avaliação e diagnóstico
138   4.3 Atendimento e orientações

147 *Considerações finais*
149 *Referências*
159 *Bibliografia comentada*
161 *Respostas*
163 *Sobre a autora*

Dedico esta obra à minha mãe,
Maria Aparecida Machado (*in memoriam*).
Minha referência de vida, de educadora,
de mulher.
Eternamente, eu te amarei.

Agradeço a Deus, que me concedeu a vida, permitindo, a cada instante, minha busca por crescimento espiritual e intelectual.
Aos meus anjos, que, incansavelmente, estão ao meu lado. À minha família, minha base, meu porto seguro.

"Ensinar é um exercício da imortalidade. De alguma forma continuamos a viver naqueles cujos olhos aprenderam a ver o mundo pela magia da nossa palavra. O professor, assim, não morre jamais."
(Rubem Alves, 1994, p. 5)

Prefácio

Atualmente, a comunidade escolar caracteriza-se essencialmente pela iminente necessidade de respeitar as diferentes formas de ensinar e aprender. A aprendizagem é um ato consciente, que exige, além da intencionalidade, condições biológicas e ambientais propícias.

Ao observarmos os registros históricos sobre a educação dos alunos que apresentam dificuldades na aprendizagem escolar, percebemos que nem sempre eles receberam a atenção ou o atendimento pedagógico de que necessitavam. Esse fato pode ser associado a vários fatores, entre os quais merece destaque a falta de acesso às informações sobre o tema durante o processo de formação docente inicial e continuada. O desconhecimento, por parte dos professores, das causas e das características dos transtornos funcionais específicos da aprendizagem e, consequentemente, das possibilidades de atendimento escolar e/ou clínico aos alunos que apresentam tal condição pode ter impacto direto no desempenho escolar desse alunado.

Diante desse cenário, este livro contribui significativamente para a disseminação de informações importantes sobre a forma de aprendizagem escolar dos alunos que são acometidos com alguma dificuldade específica ao longo desse processo, com as possibilidades de encaminhamento para avaliação, de atendimento específico, de adaptações curriculares e de acompanhamento individualizado.

A aprendizagem escolar é um processo individual que, algumas vezes, requer a implementação de ações que garantam os direitos de igualdade, acessibilidade, equiparação de oportunidades e de ensino a todos os alunos, de modo a respeitar o ritmo e as especificidades de cada um.

Profª. Drª. Ana Aparecida de Oliveira Machado Barby
Disciplina Teoria e Metodologia da Educação Especial e Inclusiva, Departamento de Pedagogia da Unicentro/PR

Apresentação

Com o objetivo de contribuir para a formação do educador, reunimos, neste livro, conceitos, formas de atendimento e alternativas de tratamento para o educando com transtornos funcionais específicos (TFEs), a fim de subsidiar o educador em sua prática pedagógica.

No Capítulo 1, analisamos as definições e as características dos TFEs da aprendizagem na perspectiva da educação inclusiva. Apresentamos os conceitos de distúrbios, transtornos e dificuldades na aprendizagem, bem como os tipos de TFE, adotando os critérios para o diagnóstico indicados no DSM-5 e no CID 10[1]. Também evidenciamos as bases legais para o atendimento do educando com esses transtornos.

No Capítulo 2, tratamos do transtorno da leitura, a dislexia. Para a discussão, destacamos as definições e os critérios de diagnóstico da dislexia segundo o DSM-5 e o CID 10, bem como examinamos as trajetórias para a identificação dos sintomas, as características para diagnóstico e os conceitos da dislexia e seus efeitos na aprendizagem. Contemplamos, ainda, as orientações e os atendimentos para o educando com dislexia no contexto educacional.

---

[1] A Organização Mundial da Saúde (OMS) já lançou a versão 11 do Código Internacional de Doenças (CID-11), com entrada em vigor prevista para janeiro de 2022. Contudo, referenciamos o conteúdo na versão 10 (CID-10), uma vez que é o documento vigente na data de publicação desta obra, e, ainda, porque a versão 11 não altera os conceitos relativos ao tema aqui analisado.

Por sua vez, no Capítulo 3, exploramos os transtornos da escrita e da matemática, abordando as definições de disgrafia, de disortografia e de discalculia, considerando os critérios para o diagnóstico estipulados no DSM-5 e no CID 10. Além disso, sugerimos orientações e atendimentos para esses transtornos.

No Capítulo 4, por fim, examinamos os conceitos do transtorno do déficit de atenção com hiperatividade (TDAH), elencando seus sintomas, suas características e os respectivos tratamentos, bem como os critérios para o diagnóstico do TDAH conforme o DSM-5 e o CID 10.

Com o conteúdo aqui exposto, esperamos contribuir para a apropriação de conceitos fundamentais para o domínio do assunto, visando à aplicabilidade destes na prática pedagógica. As informações reunidas neste livro podem ajudar na trajetória em prol daqueles que apresentam diferentes tipos de TFE e que demandam um olhar diferenciado por parte dos educadores. Com a mediação desses profissionais, esses educandos sempre terão seu espaço e sua individualidade garantidos, sentindo-se incluídos e respeitados com relação às suas diferenças, em um contexto em que a diversidade é a regra, e não a exceção.

Como aproveitar ao máximo este livro

Empregamos nesta obra recursos que visam enriquecer seu aprendizado, facilitar a compreensão dos conteúdos e tornar a leitura mais dinâmica. Conheça a seguir cada uma dessas ferramentas e saiba como estão distribuídas no decorrer deste livro para bem aproveitá-las.

Introdução do capítulo
Logo na abertura do capítulo, informamos os temas de estudo e os objetivos de aprendizagem que serão nele abrangidos, fazendo considerações preliminares sobre as temáticas em foco.

Síntese
Ao final de cada capítulo, relacionamos as principais informações nele abordadas a fim de que você avalie as conclusões a que chegou, confirmando-as ou redefinindo-as.

Indicações culturais

Para ampliar seu repertório, indicamos conteúdos de diferentes naturezas que ensejam a reflexão sobre os assuntos estudados e contribuem para seu processo de aprendizagem.

Atividades de autoavaliação

Apresentamos estas questões objetivas para que você verifique o grau de assimilação dos conceitos examinados, motivando-se a progredir em seus estudos.

Atividades de aprendizagem

Aqui apresentamos questões que aproximam conhecimentos teóricos e práticos a fim de que você analise criticamente determinado assunto.

Bibliografia comentada

Nesta seção, comentamos algumas obras de referência para o estudo dos temas examinados ao longo do livro.

Introdução

Ao longo de mais de 30 anos trabalhando com educação, a maior parte desse tempo na educação especial, é possível constatar o crescente número de alunos com problemas de aprendizagem e de comportamento que frequentam o cotidiano escolar. Muitos desses casos, na maioria das vezes, não são identificados, avaliados e atendidos conforme suas reais necessidades.

Nesse contexto, vários dos problemas encontrados distanciam-se da formação docente, da ação pedagógica e do sistema educacional como um todo, o que dificulta a tomada de decisões relativas a encaminhamentos e medidas de intervenção que atendam às demandas desses educandos.

O número de alunos com dificuldades de aprendizagem e de comportamento vem aumentando significativamente a cada ano. Negar essa realidade significa negar a própria natureza da escola, que é, em sua totalidade, plural em características e especificidades, as quais se traduzem em desafios constantes aos educadores e à comunidade escolar em geral. Consideramos que o enfrentamento desses desafios pode e deve ser superado por meio de um trabalho conjunto entre escola, família e sistema de ensino.

Levando em conta essa realidade e refletindo sobre a ação docente, reafirmamos a premissa de que todos os alunos são diferentes, tanto em suas capacidades quanto em suas potencialidades, dificuldades, motivações, comprometimento, ritmo de desenvolvimento, maneira de aprender e, ainda, quanto ao contexto social em que vivem. Ressaltamos também o pressuposto de que os problemas de aprendizagem são, em si mesmos, contextuais e relativos. Assim, é preciso estabelecer mudanças relativas às ações e ao olhar do educador e, principalmente, à identificação e ao atendimento do educando que apresenta necessidades peculiares.

Na esteira desse entendimento, é imperioso que o educador busque conhecer o educando, com vistas a identificar seu perfil, isto é, suas potencialidades, suas demandas, seu ritmo de trabalho, seu comportamento, sua produção acadêmica, para, então, iniciar o trabalho de intervenção.

Conhecer para intervir – esse é o caminho. E, para conhecer, deve-se percorrer a trajetória do conhecimento, da informação e das teorias, revisitando conceitos e práticas, apropriando-se de tudo o que possa subsidiar o educador para que possa reconhecer e compreender as características e os sintomas. Isso permitirá a identificação das necessidades e das potencialidades do educando, contribuindo para a eliminação das barreiras que interferem no progresso e no sucesso desse aluno no processo de ensino e aprendizagem e para a efetivação de práticas educacionais inclusivas.

Uma excelente leitura a todos!

Capítulo 1
Educação inclusiva e os transtornos funcionais específicos

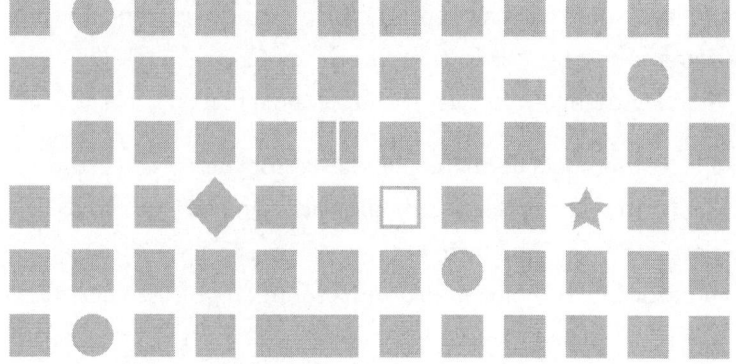

Neste capítulo, analisaremos os transtornos funcionais específicos (TFEs) da aprendizagem com base, principalmente, na Política Nacional de Educação Especial na Perspectiva da Educação Inclusiva (Brasil, 2008). Para tanto, de início, trataremos de alguns conceitos de aprendizagem. A abordagem dessas ideias permitirá a identificação dos alunos que não respondem de forma favorável à demanda escolar e são considerados jovens com problemas de aprendizagem. Além disso, apontaremos as intervenções aplicáveis a esses casos. Ressaltamos, nesse contexto, que é preciso estabelecer uma relação entre a aprendizagem e seus problemas na perspectiva da inclusão.

1.1 Aprendizagem

Antes de iniciarmos a discussão sobre os problemas de aprendizagem de forma ampla, vamos, primeiramente, analisar o conceito de aprendizagem e as variáveis que o integram. É notório que a aprendizagem é construída durante toda a vida por meio da troca constante entre sujeito (maturidade orgânica) e ambiente (físico e social), consolidando-se com as experiências concretas (Sisto; Martinelli, 2006).

A aprendizagem, segundo Piaget (1971, p. 11),

> não é uma cópia da realidade. Não resulta de olhar e fazer simplesmente uma cópia mental, uma imagem de um objeto. Para conhecer um objeto, um fato, é preciso agir sobre ele, modificá-lo, transformá-lo, compreender o processo dessa transformação e, como consequência, entender a maneira como o objeto é construído.

Dessa forma, é possível inferir que a aprendizagem resulta da interação entre estruturas mentais e o meio ambiente (Machado, 2006). Para Oliveira (1993, p. 57), aprendizagem é o "processo pelo qual o sujeito adquire informações, habilidades, atitudes, valores, etc. a partir do seu contato com a realidade, o meio ambiente e as outras pessoas".

Para Vigotski (2001, p. 115),

> a aprendizagem não é, em si mesma, desenvolvimento, mas uma correta organização da aprendizagem da criança conduz ao desenvolvimento mental, ativa todo um grupo de processos de desenvolvimento, e esta ativação não poderia produzir-se sem a aprendizagem. Por isso, a aprendizagem é um momento intrinsecamente necessário e universal para que se desenvolvam na criança essas características humanas não naturais, mas formadas historicamente.

Na perspectiva da neuropsicologia, conforme Luria (1981, p. 18-19, 22-23),

> o processo de aprendizagem exige um certo nível de ativação e atenção, de vigilância e seleção das informações. A ativação, por meio da vigilância, conecta-se com a atenção no sentido da capacidade de focalização da atividade [...]. São elementos fundamentais de toda atividade neuropsicológica, essenciais para manter as atividades cognitivas, inibindo o efeito de muitos neurônios que não interessam à situação. A linguagem, oral e escrita, receptiva ou expressiva, faz parte com toda a sua especificidade, do sistema cognitivo.
> [...]
> Toda atividade mental humana é um sistema funcional complexo efetuado por meio de uma combinação de estruturas

cerebrais funcionando em concerto, cada uma das quais dá a sua contribuição peculiar para o sistema funcional como um todo. Isto significa, na prática, que o sistema funcional como um todo pode ser perturbado por lesão de um número grande de zonas como também por diferentes lesões situadas em diversos locais.

Os componentes cognitivos e as regiões cerebrais que os processam constituem um todo, pois estão interligados. Sem uma organização cerebral integrada, não é possível uma aprendizagem eficiente.

Segundo Fonseca (2005, p. 86, grifo nosso), quatro são os **fatores cognitivos** fundamentais que alicerçam a aprendizagem:

> o *input* (responsável pelas informações recebidas pelos sentidos visual e auditivo), a **cognição** (responsável pelos processos de memorização, consistência e processamento simultâneo e sequencial de informações), o *output* (responsável pelos processos motores como desenhar, ler, escrever, ou resolver problemas) e a **retroalimentação** (responsável pela repetição, organização, controle e realização das atividades).

Dessa forma, os processos de **codificação** (*input* – obtido pelos sentidos) e de **decodificação** (integração – sistema nervoso central; *output* – respostas emitidas por diferentes linguagens; e atividades motoras) são de extrema importância quando se abordam problemas de aprendizagem. Isso significa que, se o educando apresenta problemas no processo da aprendizagem escolar, é necessária uma investigação para descobrir as causas dessa dificuldade, com vistas a identificar e aplicar as medidas cabíveis de intervenção.

De acordo com Rubinstein (2009, p. 39),

Aprendizagem é o processo pelo qual um sujeito, em sua interação com o meio, incorpora a informação oferecida por este, segundo suas necessidades e interesses. Elabora esta informação através de sua estrutura psíquica, construída pelo interjogo do social, da dinâmica do inconsciente e da dinâmica cognitiva, modificando sua conduta para aceitar novas propostas e realizar transformações inéditas no âmbito que o rodeia.

Assim, a aprendizagem é muito mais do que memorização e cópia das informações recebidas. Trata-se de um processo ativo que engloba outras atividades, como **atentar, compreender, aceitar, reter, transferir** e **agir** – que são alguns dos componentes principais da aprendizagem. Como explica Ciasca (2008, p. 22), "a informação captada é submetida a contínuo processamento e elaboração, que funciona em níveis cada vez mais complexos e profundos, desde a extração das características sensoriais, a interpretação do significado até, finalmente, a emissão da resposta".

A aprendizagem é um processo que ocorre no sistema nervoso central (SNC) e é produto da experiência. Novas informações produzem mudanças de comportamento, por isso a aprendizagem está condicionada a condições neurobiológicas e ambientais.

Segundo Ciasca (2008, p. 20), aprendizagem é "um processo evolutivo e constante, que implica uma sequência de modificações observáveis e reais no comportamento do indivíduo, de forma global (físico e biológico), e do meio que o rodeia (atuante e atuado), onde esse processo se traduz pelo aparecimento de formas realmente novas compromissadas com o comportamento". Já para Bock, Furtado e Teixeira (1999, p. 115), "é a conexão entre o estímulo e a resposta. [...] É o processo de organização de informações e integração do material pela estrutura cognitiva". Piaget (1996, p. 25), por sua vez, esclarece que

> a aprendizagem se dá pelo equilíbrio entre processo de assimilação e acomodação. Por assimilação compreende-se a aquisição de novos conhecimentos e novas experiências integrando-os ou absorvendo-os nas estruturas ou esquemas existentes do pensamento. Acomodação designa as modificações que as novas experiências provocam nos esquemas ou estruturas existentes de modo que haja adaptação.

Compreender a concepção de aprendizagem possibilita reunir subsídios para investigar o processo de ensino e aprendizagem, bem como permite buscar suprir as falhas e as dificuldades a ele inerentes.

No cotidiano escolar, há uma pluralidade de educandos com problemas de aprendizagem e de comportamento e, na maioria das vezes, eles não são identificados, tampouco são atendidas suas reais necessidades. Muitos problemas encontrados distanciam-se da formação docente, da prática e da ação pedagógica, e o que se verifica são medidas de intervenção incompatíveis com suas demandas concretas, não sendo alcançados os resultados esperados (Machado, 2006). Por isso é necessário entender e identificar esses problemas, assim como a forma como eles se manifestam no contexto escolar, visando a uma atuação efetiva, dinâmica e bem-sucedida.

1.2 Dificuldades, distúrbios e transtornos de aprendizagem

Dificuldades, distúrbios e transtornos de aprendizagem são termos que vêm sendo utilizados de maneira distinta em diferentes contextos, referindo-se, geralmente, àqueles alunos que se encontram em defasagem no processo de ensino e aprendizagem. Portanto, é necessário compreender essas terminologias para empregá-las de forma apropriada quando da intervenção e do atendimento desses educandos.

Para Paula et al. (2006, p. 225), "Transtornos, dificuldades, distúrbios e problemas de aprendizagem são expressões muito usadas para se referir às alterações que muitas crianças apresentam na aquisição de conhecimentos, de habilidades motoras e psicomotoras, no desenvolvimento afetivo e outras".

Almeida et al. (1995), Corsini (1998) e Ciasca e Rossini (2000) (todos citados por Gimenez, 2005) já destacaram a importância em discriminar esses termos por considerarem também a distinção de seus significados. A diferença refere-se às características orgânicas e biológicas dos distúrbios e dos transtornos, o que não se apresenta nas dificuldades de aprendizagem.

O distúrbio de aprendizagem, na avaliação de Ciasca e Rossini (2000), caracteriza-se pela perturbação de um processo, e qualquer distúrbio implicaria uma perturbação na aquisição, na utilização ou na habilidade para soluções de problemas.

Para Gimenez (2005, p. 79), o termo *distúrbio de aprendizagem* tem "um significado mais restrito em comparação com a dificuldade de aprendizagem, pois aquele envolve uma disfunção específica, geralmente neurológica e/ou neuropsicológica".

A seguir, abordaremos separadamente as concepções acerca desses temas, com base em diferentes teóricos.

1.2.1 Dificuldades de aprendizagem

Sobre a expressão *dificuldades de aprendizagem*, Jardini (2006, p. 35) assim se pronuncia:

> os conceitos sobre dificuldades de aprendizagem implicam diferentes áreas de conhecimento, dificultando muitas vezes o sentido particular sobre o termo. As dificuldades de aprendizagem representam um dos problemas fundamentais da educação atual, seja por sua amplitude, no que se refere à definição teórica, seja pelas dificuldades de entendimento pelos profissionais da educação.

Trata-se de um termo mais amplo, que inclui "qualquer tipo de dificuldade apresentada durante o processo de aprender, em decorrência de fatores variados, que vão desde causas endógenas e exógenas" (Ciasca; Rossini, 2000, p. 13).

Brenelli (1996, p. 15) afirma que a dificuldade constitu "uma realidade desafiadora para os educadores e os pesquisadores da área, os quais, de várias maneiras, vêm procurando compreender tal realidade a fim de superá-la".

Klein (2009) esclarece que, quando se fala em *dificuldades de aprendizagem*, é necessário levar em consideração não apenas o educando como ser isolado, mas também o grupo, a instituição ou a sociedade a que pertence, promovendo-se análises no âmbito psicossocial (do indivíduo para fora); no âmbito sociodinâmico (do grupo como um todo); e no âmbito institucional (investigação mais profunda do grupo, ou seja, estrutura, origem, composição, história, economia, ideologia etc.).

García Sánchez (2004, p. 15-16, grifo do original) define as dificuldades de aprendizagem com base em um conceito internacional, entendendo que elas se caracterizam

> por um funcionamento substancialmente abaixo do esperado, considerando a idade cronológica do sujeito e seu quociente intelectual, além de interferirem significativamente no rendimento acadêmico ou na vida cotidiana, exigindo um diagnóstico alternativo nos casos de déficits sensoriais. Assumem-se, portanto, um critério de discrepância entre aptidão e o rendimento e um critério de exclusão, além do baixo rendimento e da interferência na vida cotidiana.

Para Ciasca (2008), as dificuldades de aprendizagem são consideradas perturbação ou falha na aquisição e na utilização de informações ou na habilidade para a solução de problemas. Geralmente, essas dificuldades tornam-se mais aparentes quando a criança entra na escola, pois os conteúdos ficam mais complexos.

Segundo Azcoaga (1972, citado por Ciasca, 2008, p. 21, grifo nosso), a aprendizagem se caracteriza pela integridade básica de três níveis:

> **Funções psicodinâmicas**: deve haver integridade psíquica e emocional para que a criança aprenda. Criança sob forte stress em casa ou na escola pode apresentar dificuldades de assimilar o que lhe é ensinado.

Funções do Sistema Nervoso Periférico: Uma criança com problemas de visão ou audição recebe menos informações ambientais. Se ela não for atendida em suas necessidades pode não aprender adequadamente os conteúdos apresentados na escola ou mesmo fora dela.

Funções do Sistema Nervoso Central: O cérebro é o responsável pelo armazenamento, elaboração e processamento da informação. Uma pequena parcela das dificuldades de aprendizagem pode ser resultante de problemas nos processos cerebrais, o que exige investigação cuidadosa de um profissional.

Fonseca (1995, p. 252) ressalta que as principais características dos educandos que apresentam esse quadro consistem em dificuldades "de aprendizagem nos processos simbólicos: fala, leitura, escrita, aritmética, etc., independentemente de lhes terem sido proporcionadas condições adequadas de desenvolvimento (saúde, envolvimento familiar estável, oportunidade socioculturais e educacionais, etc.)".

Diante do uso indiscriminado, no contexto escolar, da expressão *dificuldades **de** aprendizagem*, para efeitos didáticos, no Quadro 1.1 apresentamos uma breve síntese para o uso dos termos **de**, **na** e **para** quando da referênciação aos problemas em aprendizagem escolar.

Quadro 1.1 – Dificuldades de aprendizagem

Dificuldades de aprendizagem	O uso do termo **de** evidencia uma dificuldade mais generalizada e a expressão que essa preposição integra é comumente empregada quando o educando apresenta atraso não especificado em seu desempenho acadêmico e no comportamento diante de uma demanda escolar. Nesse caso, identifica-se uma discrepância da idade cronológica em relação ao ano escolar. Esse descompasso pode ser verificado nas produções acadêmicas e nos comportamentos evidenciados pelo educando em sua trajetória escolar. A expressão *dificuldades de aprendizagem*, geralmente, é a mais utilizada entre os educadores, porque inclui todos os alunos que não estão acompanhando de forma satisfatória seu grupo, seus pares e seu ano escolar. Por não ser identificada sua causa, passa a ser usada de forma mais convencional e no senso comum. Indicam-se, nesses casos, uma investigação pedagógica e, posteriormente, o encaminhamento para uma avaliação psicoeducacional e/ou clínica para identificar as causas.
Dificuldades na aprendizagem	O uso do termo **na** aponta para dificuldades ocorridas de maneira mais pontual durante o processo de ensino e aprendizagem. São manifestadas pelo comprometimento neurofuncional e, por isso, seu diagnóstico necessita da ajuda de outros profissionais para, então, ser possível realizar uma intervenção compatível com o quadro, auxiliando o aluno em seu avanço acadêmico. Encontram-se nesse grupo os educandos que apresentam dificuldades na leitura e na escrita (ilegibilidade), bem como aqueles que demonstram problemas no raciocínio aritmético, na atenção e na concentração. Não fazem parte desse grupo os educandos com deficiência intelectual. Preferencialmente, para

(continua)

(Quadro 1.1 – conclusão)

Dificuldades na aprendizagem	se chegar a um diagnóstico de dificuldades **na** aprendizagem, é preciso realizar uma avaliação psicoeducacional e clínica (neurológica). Por meio dessa investigação, é possível planejar uma intervenção compatível com o quadro e, com isso, obter melhores resultados no processo de ensino e aprendizagem do educando. São identificados nesse grupo os educandos com dislexia, disgrafia, disortografia, discalculia, transtorno do déficit de atenção com hiperatividade, todos considerados como transtornos funcionais específicos (TFEs) (Brasil, 2008).
Dificuldades **para** a aprendizagem	O uso do termo **para** indica as dificuldades relativas à imaturidade para a aprendizagem. Encontram-se nesse grupo os que apresentam atrasos significativos nas habilidades cognitiva, intelectiva, socioafetiva, linguística, motora e psicomotora, os quais comprometem o desenvolvimento e a aprendizagem. Esses educandos necessitam de um tempo maior para a apropriação da aprendizagem acadêmica, pois a assimilação dos conteúdos sistematizados processa-se de forma mais lenta, visto que a recepção de conteúdos ocorre de modo diferente, acarretando, muitas vezes, problemas para elaborar, por conta própria, a assimilação de conceitos e noções mais complexos, bem como para generalizar e transferir os conhecimentos e saberes adquiridos para novas situações. Encontram-se nesse grupo os educandos com deficiência intelectual, além de outros.

Dessa forma, é preciso entender a origem da dificuldade manifestada pelo aluno. No caso do termo *dificuldade **na** aprendizagem*, a dificuldade é pontual (**na** leitura e/ou **na** escrita e/ou **na** matemática). Quando se utiliza a expressão *dificuldade **para** a aprendizagem*, trata-se de uma imaturidade para a aprendizagem de origem cognitiva, socioafetiva ou outra qualquer. O emprego correto desses termos permite levantar uma hipótese diagnóstica e sugerir uma investigação ou avaliação para confirmar a hipótese, o que possibilitará a realização das intervenções e dos encaminhamentos necessários.

1.2.2 Distúrbios de aprendizagem

Conforme a definição estabelecida em 1981 pelo National Joint Committee for Learning Disabilities – NJCLD (Comitê Nacional de Dificuldades de Aprendizagem), nos Estados Unidos, e que é mantida até os dias de hoje, considera-se que

> Distúrbios de aprendizagem é um termo genérico que se refere a um grupo heterogêneo de alterações manifestas por dificuldades significativas na aquisição e uso da audição, fala, leitura, escrita, raciocínio ou habilidades matemáticas. **Estas alterações são intrínsecas ao indivíduo e presumivelmente devidas à disfunção do sistema nervoso central.** Apesar de um distúrbio de aprendizagem poder ocorrer concomitantemente com outras condições desfavoráveis (por exemplo, alteração sensorial, retardo mental, distúrbio social ou emocional) ou influências ambientais (por exemplo, diferenças culturais, instrução insuficiente/inadequada, fatores psicogênicos), não é resultado direto dessas condições ou influências. (NJCLD, citado por Collares; Moysés, 1992, p. 32, grifo do original)

Com essa definição, o NJCLD deixa claro que o distúrbio de aprendizagem tem origem neurofucional, e não proveniente de outras condições desfavoráveis e/ou influências ambientais.

Etimologicamente, a palavra *distúrbio* deriva do radical *turbare*, que significa

"alteração violenta na ordem natural" e pode ser identificado também nas palavras turvo, turbilhão, perturbar e conturbar. O prefixo dis tem como significado "alteração com sentido anormal, patológico" e possui valor negativo. O prefixo dis é muito utilizado na terminologia médica (por exemplo: distensão, distrofia). Em síntese, do ponto de vista etimológico, a palavra distúrbio pode ser traduzida como "anormalidade patológica por alteração violenta na ordem natural". (Nutti, 2002, p. 2)

É possível entender que um distúrbio de aprendizagem, obrigatoriamente, remete a um problema ou a uma doença que acomete o educando em âmbito individual e orgânico. Para Jardini (2006), a utilização desmedida da expressão *distúrbio de aprendizagem* no cotidiano escolar seria mais um reflexo do processo de patologização da aprendizagem ou da biologização das questões sociais. O termo *distúrbio de aprendizagem* chama a atenção para a existência de crianças que frequentam escolas e manifestem dificuldades de aprendizagem, embora aparentemente não apresentem comprometimentos físicos, sensoriais, intelectuais ou emocionais (Collares; Moysés, 1992).

Os distúrbios podem ser compreendidos como uma descompensação do processo de aquisição do conhecimento (Pain, 1992). Ainda, é possível alargar o conceito para incluir, além da aquisição, a utilização das informações na habilidade de solução de problemas (Vallet, 1977).

Para Ciasca (1994, p. 36), "uma falha na aprendizagem implica em existir alterações dos padrões de aquisição, assimilação e transformação seja por motivos internos ou externos".

O educando com distúrbio de aprendizagem manifesta uma diversidade de comportamentos de origem neurofuncional. Frequentemente, externa dificuldades no processo de informação, quer no nível de recepção, quer no nível interativo e expressivo.

A seguir, no Quadro 1.2, apresentamos um comparativo entre dificuldade de aprendizagem e distúrbio de aprendizagem, destacando os aspectos mais relevantes desses dois problemas de aprendizagem.

Quadro 1.2 – Comparativo entre dificuldade e distúrbio de aprendizagem

Problema de aprendizagem	Definição	Causas
Dificuldade de aprendizagem	Termo mais amplo, que inclui "qualquer tipo e dificuldade apresentada durante o processo de aprender, em decorrência de fatores variados, que vão desde causas endógenas e exógenas" (Ciasca; Rossini, 2000, p. 13).	• Fator mocional, educacional ou físico. • Fator neurológico estrutural ou intelectual. • Limitações sensoriais. • Fator socioeconômico.

(continua)

(Quadro 1.2 – continuação)

Problema de aprendizagem	Definição	Causas
Distúrbio de aprendizagem	"é um termo genérico que se refere a um grupo heterogêneo de alterações manifestas por dificuldades significativas na aquisição e uso da audição, fala, leitura, escrita, raciocínio ou habilidades matemáticas. **Estas alterações são intrínsecas ao indivíduo e presumivelmente devidas à disfunção do sistema nervoso central**" (Collares; Moysés, 1992, p. 32, grifo do original). • Não apresenta deficiências sensoriais. • Não apresenta deficiência intelectual. • Não apresenta distúrbios emocionais graves. • Não emergiu de um contexto de privação ambiental ou sociocultural, no entanto não aprende normalmente.	• Alterações neuropsicológicas resultantes do comprometimento neurofuncional. • Não é detectável pelos exames clínicos atuais. • Ocasionado por fatores genéticos; dano neurofuncional; alterações bioquímicas; má nutrição; atraso maturacional.

(Quadro 1.2 – conclusão)

Problema de aprendizagem	Definição	Causas
Distúrbio de aprendizagem	• Não afeta todas as habilidades, mas, em geral, uma área específica, como a leitura, a escrita ou o cálculo	

Fonte: Elaborado com base em Riechi, 1996.

Com base no conteúdo do Quadro 1.2, é possível comparar os pontos que devem ser levados em conta para a identificação do aluno que apresenta problemas na aprendizagem no contexto escolar.

1.2.3 Transtornos de aprendizagem

O termo *transtornos* está disposto no Código Internacional de Doenças (CID 10) (OMS, 1993) e no Diagnostic and Statistical Manual of Mental Disorders (DSM-5, ou Manual Diagnóstico e Estatístico de Transtornos Mentais) (APA, 2014). O primeiro documento define os transtornos de aprendizagem como problemas referentes à aprendizagem e os denomina *transtornos específicos do desenvolvimento das habilidades escolares* (F81). Tal nomenclatura consta em uma categoria mais ampla, a dos chamados *transtornos do desenvolvimento psicológico* (F80-89).

Segundo o CID 10 (1993, p. 236), os transtornos de aprendizagem são

> transtornos nos quais os padrões normais de aquisição de habilidades são perturbados desde os estágios iniciais do desenvolvimento. Eles não são simplesmente uma consequência de uma falta de oportunidade de aprender nem são decorrentes de qualquer forma de traumatismo ou de doença cerebral adquirida. Ao contrário, pensa-se que os transtornos se originam de anormalidades no processo cognitivo, que derivam em grande parte de algum tipo de disfunção biológica.

O CID 10 e o DSM-5 descrevem essencialmente três tipos de transtornos específicos: (1) o transtorno com prejuízo na leitura; (2) o transtorno com prejuízo na matemática; e (3) o transtorno com prejuízo na expressão escrita. A diferenciação geral entre esses transtornos é muito parecida nos dois manuais – transtorno de leitura: dislexia; transtorno na matemática: discalculia; e transtorno na expressão escrita: disortografia e disgrafia.

Conforme estabelece o DSM-5 (APA, 2014, p. 68), o transtorno específico da aprendizagem

> é um transtorno do neurodesenvolvimento com uma origem biológica que é a base das anormalidades no nível cognitivo as quais são associadas com as manifestações comportamentais. A origem biológica inclui uma interação de fatores genéticos, epigenéticos e ambientais que influenciam a capacidade do cérebro para perceber ou processar informações verbais ou não verbais com eficiência e exatidão.

Os indicativos dos transtornos de aprendizagem são identificados quando o educando ingressa na escola e, para a realização das atividades, demonstra dificuldades que habitualmente seus colegas não apresentam.

É importante salientar que, para a realização de um diagnóstico adequado desses transtornos, é necessário verificar o desempenho do educando na leitura, na escrita ou na matemática, ponderando-se como essas áreas se apresentam no decorrer de sua vida acadêmica.

1.3 Transtornos funcionais específicos

A expressão *transtornos funcionais específicos* foi adotada pelo Ministério da Educação na Política Nacional de Educação Especial na Perspectiva da Educação Inclusiva (Brasil, 2008). O documento estabeleceu que

> os transtornos funcionais específicos se referem à funcionalidade específica (intrínseca) do sujeito, sem o comprometimento intelectual do mesmo. Diz respeito a um grupo heterogêneo de alterações manifestadas por dificuldades significativas: na aquisição e uso da audição, fala, leitura, escrita, raciocínio ou habilidades matemáticas, na atenção e concentração. (Paraná, 2013b, p. 4)

Nesse contexto, a Política Nacional de Educação Especial na Perspectiva da Educação Inclusiva também definiu a educação especial como modalidade não substitutiva à escolarização. Assegura-se "o atendimento educacional especializado complementar ou suplementar à formação dos estudantes e o público alvo da educação especial constituído pelos estudantes com deficiência, transtornos globais do desenvolvimento e altas habilidades/superdotação" (Brasil, 2008).

De acordo com as diretrizes da nova política,

> A educação especial é uma modalidade de ensino que perpassa todos os níveis, etapas e modalidades, realiza o atendimento educacional especializado, disponibiliza os serviços e recursos próprios desse atendimento e orienta os alunos e seus professores quanto a sua utilização nas turmas comuns do ensino regular. (Brasil, 2008)

Do ponto de vista da educação inclusiva, a educação especial passa a integrar a proposta pedagógica da escola regular, promovendo o atendimento aos estudantes com deficiência, transtornos globais do desenvolvimento e altas habilidades/superdotação. Nos casos dos TFEs, a educação especial atua de forma articulada com o ensino comum, orientando para o atendimento desses estudantes. Entende-se que os TFEs não estão incluídos na educação especial, portanto, não fazem parte dos atendimentos educacionais especializados (AEEs).

Dessa forma, cabe à escola organizar-se para realizar os atendimentos e os encaminhamentos necessários para que esses educandos sejam cuidados conforme suas necessidades e peculiaridades, principalmente os educandos com dificuldades significativas.

1.3.1 Avaliação e diagnóstico

Para esclarecermos as definições e os critérios para os diagnósticos da dislexia, da disgrafia, da disortografia, da discalculia e do transtorno do déficit de atenção com hiperatividade (TDAH), fundamentaremos esta discussão no Código Internacional de Doenças (CID 10) e no Manual Diagnóstico e Estatístico de Transtornos Mentais (DSM-5).

Na classificação do **CID 10** sobre transtornos mentais e de comportamento, existe a categoria dos transtornos específicos do desenvolvimento das habilidades escolares (F81), que está incluída na categoria mais ampla de transtornos do desenvolvimento psicológico (F80-89).

Fazem parte da categoria *transtornos específicos do desenvolvimento das habilidades escolares* (F81) as seguintes subcategorias:

- F81.0 – Transtorno específico da leitura
- F81.1 – Transtorno específico do soletrar
- F81.2 – Transtorno específico de habilidades aritméticas
- F81.3 – Transtorno misto das habilidades escolares
- F81.8 – Outros transtornos do desenvolvimento das habilidades escolares
- F81.9 – Transtornos do desenvolvimento das habilidades escolares, não especificado.

É importante ressaltar que cada transtorno ora mencionado refere-se a um quadro específico das habilidades escolares, que serão consideradas pela equipe responsável para se chegar a um diagnóstico, tendo em vista as características ou os sintomas apresentados pelo aluno.

De acordo com o CID 10,

> Transtornos Específicos do Desenvolvimento das Habilidades Escolares (Dislexia, Disgrafia, Disortografia, Discalculia), são transtornos nos quais os padrões normais de aquisição de habilidades são perturbados desde os estágios iniciais do desenvolvimento. Eles não são simplesmente uma consequência de uma falta de oportunidade de aprender nem são decorrentes de qualquer forma de traumatismo ou de doença cerebral adquirida. Ao contrário, pensa-se que os transtornos se originam de irregularidades no processo cognitivo, que derivam em grande parte de algum tipo de disfunção biológica. (OMS, 1993, p. 236)

Para a OMS, a dislexia, a disgrafia, a disortografia e a discalculia têm sua ampla proveniência no comprometimento neurofuncional. Há vários tipos de dificuldades para que esses tipos de transtornos sejam estabelecidos, entre os quais se destacam:

- a necessidade de diferenciar os transtornos das variações normais nas realizações escolares;
- a imprescindilidade de considerar o curso do desenvolvimento, uma vez que um atraso de um ano em leitura na idade de 7 anos é diferente do atraso de um ano quando se está com 14 anos de idade;
- a dificuldade em ensinar e aprender as habilidades escolares: essas aptidões não são apenas resultado da maturação biológica e, dessa maneira, o nível de capacidade de uma criança dependerá das circunstâncias familiares e da escolaridade, além das próprias características individuais.

Ainda conforme o CID 10 (F.81),

os transtornos específicos do desenvolvimento das habilidades escolares são compostos por grupos de transtornos manifestados por comprometimentos específicos e significativos no aprendizado de habilidades escolares, comprometimentos esses que não são resultado direto de outros transtornos, como o retardo mental, os déficits neurológicos grosseiros, os problemas visuais ou auditivos não corrigidos ou as perturbações emocionais, embora eles possam ocorrer simultaneamente com essas condições. (OMS, 1993, p. 365)

Os transtornos específicos do desenvolvimento das habilidades escolares geralmente ocorrem concomitantemente a outras síndromes clínicas, como o transtorno de déficit de atenção, o transtorno de conduta ou, ainda, outros transtornos do desenvolvimento, a exemplo do transtorno específico do desenvolvimento da função motora ou dos transtornos específicos do desenvolvimento da fala e da linguagem.

As possíveis causas dos transtornos específicos do desenvolvimento das habilidades escolares não são conhecidas, mas supõe-se que exista a predominância de fatores biológicos, os quais interagem com fatores não biológicos, como oportunidade para aprender e qualidade do ensino. É um fator diagnóstico importante que os transtornos se manifestem durante os primeiros anos de escolaridade. Portanto, segundo o CID-10, o atraso do desempenho escolar de crianças em um estágio posterior de suas vidas escolares, devido à falta de interesse, a um ensino deficiente, a perturbações emocionais ou ao aumento ou mudança no padrão de exigência das tarefas, não podem ser considerados transtornos específicos do desenvolvimento das habilidades escolares. (Nutti, 2002, p. 5-6)

O TDAH, que está incluído nos TFEs, aparece no CID 10 no grupo do transtorno hipercinético.

No **DSM-5**, grupo maior dos transtornos do neurodesenvolvimento, estão como subgrupo o TDAH e o transtorno específico de aprendizagem:

> A categoria transtorno de déficit de atenção/hiperatividade não especificado é usada nas situações em que o clínico opta por não especificar a razão pela qual os critérios para transtorno de déficit de atenção/hiperatividade ou para qualquer transtorno do neurodesenvolvimento específico não são satisfeitos e inclui apresentações para as quais não há informações suficientes para que seja feito um diagnóstico mais específico.
> A) Dificuldades na aprendizagem e no uso de habilidades acadêmicas, conforme indicado pela presença de ao menos um dos sintomas a seguir que tenha persistido por pelo menos 6 meses, apesar da provisão de intervenções dirigidas a essas dificuldades.
> 1) Leitura de palavras de forma imprecisa ou lenta e com esforço (p. ex., lê palavras isoladas em voz alta, de forma incorreta ou lenta e hesitante, frequentemente adivinha palavras, tem dualidade de soletrá-las).
> 2) Dificuldade para compreender o sentido do que é lido (p. ex., pode ler o texto com precisão, mas não compreende a sequência, as relações, as inferências ou os sentidos mais profundos do que é lido).

3) Dificuldades para ortografar (ou escrever ortograficamente) (p. ex., pode adicionar, omitir ou substituir vogais e consoantes).

4) Dificuldades com a expressão escrita (p. ex., comete múltiplos erros de gramática ou pontuação nas frases; emprega organização inadequada de parágrafos; expressão escrita das ideias sem clareza).

5) Dificuldades para dominar o senso numérico, fatos numéricos ou cálculo (p. ex., entende números, sua magnitude e relações de forma insatisfatória; conta com os dedos para adicionar números de um dígito em vez de lembrar o fato aritmético, como fazem os colegas; perde-se no meio de cálculos aritméticos e pode trocar as operações).

6) Dificuldades no raciocínio (p. ex., tem grave dificuldade em aplicar conceitos, fatos ou operações matemáticas para solucionar problemas quantitativos).

B) As habilidades acadêmicas afetadas estão substancial e quantitativamente abaixo do esperado para a idade cronológica do indivíduo, causando interferência significativa no desempenho acadêmico ou profissional ou nas atividades cotidianas, confirmada por meio de medidas de desempenho padronizadas administradas individualmente e por avaliação clínica abrangente. Para indivíduos com 17 anos ou mais, história documentada das dificuldades de aprendizagem com prejuízo pode ser substituída por uma avaliação padronizada.

C) As dificuldades de aprendizagem iniciam-se durante os anos escolares, mas podem não se manifestar completamente até que as exigências pelas habilidades acadêmicas afetadas excedam as capacidades limitadas do indivíduo (p. ex., em testes cronometrados, em leitura ou escrita de textos complexos longos e com prazo curto, em alta sobrecarga de exigências acadêmicas).

D) As dificuldades de aprendizagem não podem ser explicadas por deficiências intelectuais, acuidade visual ou auditiva não corrigida, outros transtornos mentais ou neurológicos, adversidade psicossocial, falta de proficiência na língua de instrução acadêmica ou instrução educacional inadequada. (APA, 2014, p. 66-67)

É importante salientar que os critérios para o diagnóstico correto devem ser analisados com base no histórico médico do indivíduo, bem como no desenvolvimento pessoal, na situação escolar e na base familiar, que podem ser averiguados tanto mediante avaliação psicopedagógica quanto por meio de estudo de relatórios escolares. Além disso, é imprescindível avaliar a gravidade atual das características diagnósticas. Para esse fim, utilizam-se as seguintes definições:

Leve: Alguma dificuldade em aprender habilidades em um ou dois domínios acadêmicos, mas com gravidade suficientemente leve que permita ao indivíduo ser capaz de compensar ou funcionar bem quando lhe são propiciadas adaptações ou serviços de apoio adequados, especialmente durante os anos escolares.

Moderada: Dificuldades acentuadas em aprender habilidades em um ou mais domínios acadêmicos, de modo que é improvável que o indivíduo se torne proficiente sem alguns intervalos de ensino intensivo e especializado durante os anos escolares. Algumas adaptações ou serviços de apoio por pelo menos parte do dia na escola, no trabalho ou em casa podem ser necessários para completar as atividades de forma precisa e eficiente.

Grave: Dificuldades graves em aprender habilidades, afetando vários domínios acadêmicos, de modo que é improvável que o indivíduo aprenda essas habilidades sem um ensino individualizado e especializado contínuo durante a maior parte dos anos escolares. Mesmo com um conjunto de adaptações ou serviços de apoio adequados em casa, na escola ou no trabalho, o indivíduo pode não ser capaz de completar todas as atividades de forma eficiente. (APA, 2014, p. 67-68, grifo do original)

Entre as mudanças relativas aos transtornos de aprendizagem implementadas no DSM-5, podemos identificar avanços positivos para a atuação clínica e a promoção de adaptações educacionais (Mousinho; Navas, 2016).

1.3.2 Características e classificações

Os TFEs pertencem a um grupo heterogêneo de alterações manifestadas por dificuldades significativas: na aquisição e no uso da audição, na fala, na leitura, na escrita, no raciocínio ou nas habilidades matemáticas, bem como na atenção e na concentração. Vejamos, no Quadro 1.3, as classificações dos tipos de TFEs.

Quadro 1.3 – Tipos de TFE e as respectivas classificações

DSM-5		CID 10	
Transtornos do neurodesenvolvimento		Transtornos do desenvolvimento psicológico	Transtorno hipercinético
Transtorno específico da aprendizagem	Transtorno do déficit de atenção com hiperatividade	Transtornos específicos do desenvolvimento das habilidades escolares	Transtorno de déficit de atenção/ hiperatividade
• Dislexia • Disgrafia • Disortografia • Discalculia	• TDAH	• Dislexia • Disgrafia • Disortografia • Discalculia	• TDAH

Perceba que, no DSM-5, a dislexia, a disgrafia, a disortografia e a discalculia pertencem ao grupo dos transtornos específicos da aprendizagem e, no CID 10, os mesmos transtornos encontram-se no grupo dos transtornos específicos do desenvolvimento das habilidades escolares. O TDAH, em ambos os documentos, é classificado como um transtorno de déficit do atenção com hiperatividade. Ressaltamos que esses manuais são utilizados pelos profissionais da área clinica para fornecer o diagnóstico.

No contexto escolar, algumas características, segundo Weinstein (2016), podem ser observadas com frequência em indivíduos com TFE:

- É inteligente, mas não apresenta bom desempenho acadêmico.
- Tem dificuldade para manter a atenção, parece sempre desconcentrado, fora do ar.

- Frequentemente é rotulado de preguiçoso, burro, imaturo ou problemático.
- Perde-se com frequência e não tem noção da passagem do tempo.
- Tem melhor desempenho em testes orais do que escritos.
- Aprende melhor pela experiência prática, pela demonstração, observação e com apoio visual. Tem melhor desempenho com imagens e emoções do que com sons e palavras.
- Sente-se inferiorizado, burro, sem autoestima, tenta esconder suas dificuldades com subterfúgios, frustra-se com facilidade.
- Confunde letras, palavras, números, sequências e explicações verbais.
- Frequentemente tem talento para a arte, teatro, música e esporte e é bastante criativo.
- Pode contar em voz alta, mas tem dificuldade para contar objetos, para estimar medidas, para resolver problemas matemáticos, para lidar com dinheiro e para ver horas no relógio.
- Tem excelente memória para eventos biográficos de longo prazo, mas memória muito ruim para sequências ou informações que não foram experimentadas.
- Seus erros e sintomas pioram dramaticamente na presença de confusão no ambiente e se apressado ou submetido a stress emocional.

Uma vez identificadas no aluno algumas dessas características, cabe aos profissionais da escola proceder a uma investigação mais detalhada, além de levantar hipóteses diagnósticas e, posteriormente, realizar o encaminhamento para uma avaliação clínica.

1.3.3 Legislação

Ainda não há uma legislação específica vigente para o atendimento ao educando com TFE, mas, como todo problema de aprendizagem é tratado de forma inclusiva, esses educandos devem usufruir dos mesmos direitos já existentes. O ambiente escolar como um todo deve ser sensibilizado com vistas à integração, ao favorecimento e à criação de um espaço acolhedor, com mediações e intervenções adequadas para o atendimento das demandas peculiares desses alunos. Deve-se propor uma escola integradora, inclusiva, que respeite as individualidades, na qual a participação da comunidade é fator essencial. As escolas devem atuar com base em uma política de inclusão eficaz, que oriente, respeite, apoie e atenda todos os educandos.

Nesse contexto, a Lei de Diretrizes e Bases da Educação Nacional (LDBEN), Lei n. 9.394, de 20 de dezembro de 1996, garante alguns direitos a esses alunos:

> Art. 12. Os estabelecimentos de ensino, respeitadas as normas comuns e as do seu sistema de ensino, terão a incumbência de:
> [...]
> V – prover meios para a recuperação dos alunos de menor rendimento;
> [...]
> Art. 24. A educação básica, nos níveis fundamental e médio, será organizada de acordo com as seguintes regras comuns:
> [...]

V – a verificação do rendimento escolar observará os seguintes critérios:

a) avaliação contínua e cumulativa do desempenho do aluno, com prevalência dos aspectos qualitativos sobre os quantitativos e dos resultados ao longo do período sobre os de eventuais provas finais; (Brasil, 1996)

Em seu art. 59, incisos II e III, a LDBEN estabelece:

Art. 59. Os sistemas de ensino assegurarão aos educandos com deficiência, transtornos globais do desenvolvimento e altas habilidades ou superdotação:

[...]

II – terminalidade específica para aqueles que não puderem atingir o nível exigido para a conclusão do Ensino Fundamental, em virtude de suas deficiências, e aceleração para concluir em menor tempo o programa escolar para os superdotados;

III – professores com especialização adequada em nível médio ou superior, para atendimento especializado, bem como professores do ensino regular capacitados para a integração desses educandos nas classes comuns. (Brasil, 1996)

O Estatuto da Criança e do Adolescente (ECA), Lei n. 8.069, de 13 de julho de 1990, garante o acesso da criança e do adolescente à escola:

Art. 53. A criança e o adolescente têm direito à educação, visando ao pleno desenvolvimento de sua pessoa, preparo para o exercício da cidadania e qualificação para o trabalho, assegurando-se-lhes:

I – igualdade de condições para o acesso e permanência na escola;
II – direito de ser respeitado por seus educadores;
III – direito de contestar critérios avaliativos, podendo recorrer às instâncias escolares superiores. (Brasil, 1990)

A Deliberação n. 11, de 11 de dezembro de 1996, do Conselho Estadual de Educação do Estado de São Paulo, em seu art. 1º, assim explicita:

> Art. 1º O resultado final da avaliação feita pela Escola, de acordo com seu regimento, deve refletir o desempenho global do aluno durante o período letivo, no conjunto dos componentes curriculares cursados, com preponderância dos aspectos qualitativos sobre os quantitativos e dos resultados obtidos durante o período letivo sobre os da prova final, caso esta seja exigida, considerando as características individuais do aluno e indicando sua possibilidade de prosseguimento de estudos. (São Paulo, 1996)

Por sua vez, a Indicação n. 5, de 15 de abril de 1998, também do Conselho Estadual de Educação do Estado de São Paulo, traz uma contribuição que pode ser aplicada diretamente ao aluno com TFE, ao assegurar:

> os conteúdos escolares não podem se limitar aos conceitos e sim devem incluir procedimentos, habilidades, estratégias, valores, normas e atitudes. E tudo deve ser assimilado de tal maneira que possa ser utilizado para resolver problemas nos vários contextos.
> Por outro lado, sabemos que os alunos não aprendem da mesma maneira e nem no mesmo ritmo. O que eles podem

aprender em uma determinada fase depende de seu nível de amadurecimento, de seus conhecimentos anteriores, de seu tipo de inteligência, mais verbal, mais lógica ou mais espacial. No cotidiano da sala de aula, convivem pelo menos três tipos de alunos que têm "aproveitamento insuficiente": os imaturos, que precisam de mais tempo para aprender; os que têm dificuldade específica em uma área do conhecimento; e os que, por razões diversas, não se aplicam, não estudam, embora tenham condições.

[...]

Dentro de um projeto pedagógico consistente, a recuperação deve ser organizada para atender aos problemas específicos de aprendizagem que alguns alunos apresentam, e isso não ocorre em igual quantidade em todas as matérias nem em épocas predeterminadas do ano letivo.

A recuperação da aprendizagem precisa:

- ser imediata, assim que for constatada a perda, e contínua;
- ser dirigida às dificuldades específicas do aluno;
- abranger não só os conceitos, mas também as habilidades, procedimentos e atitudes. (São Paulo, 1998)

Cabe destacar igualmente a Lei n. 10.172, de 9 de janeiro de 2001, que aprova o Plano Nacional de Educação: "a educação especial se destina a pessoas com necessidades especiais no campo da aprendizagem, originadas quer de deficiência física, sensorial, mental ou múltipla, quer de características como altas habilidades, superdotação ou talentos" (Brasil, 2001a).

Ainda, o Conselho Nacional de Educação, no Parecer n. 17, de 3 de julho de 2001, faz menção ao educando com TFE quando afirma:

O quadro das dificuldades de aprendizagem absorve uma diversidade de necessidades educacionais, destacadamente aquelas associadas a: dificuldades específicas de aprendizagem, como a dislexia e disfunções correlatas; problemas de atenção, perceptivos, emocionais, de memória, cognitivos, psicolinguísticos, psicomotores, motores, de comportamento; e ainda há fatores ecológicos e socioeconômicos, como as privações de caráter sociocultural e nutricional. (Brasil, 2001b)

Toda a legislação aqui citada visa assegurar o atendimento às necessidades educacionais dos alunos que se encontram à margem do processo educacional, cabendo aos envolvidos fazer valer as normas em vigor e garantir a esses indivíduos a efetividade de seus diretos essenciais.

Síntese

Neste capítulo, analisamos os conceitos e as características relacionados aos alunos que apresentam transtornos funcionais específicos da aprendizagem sob a perspectiva da educação inclusiva. Abordamos os tipos de TFE e as definições de aprendizagem, além dos conceitos pertinentes a distúrbios, transtornos e dificuldades. A respeito do diagnóstico, utilizamos como base os critérios estabelecidos pelo DSM-5 e pelo CID 10. Também fizemos referência às normas legais que disciplinam o atendimento desses educandos. Com base nos conceitos expostos, é possível afirmar que competem ao professor e aos demais profissionais da escola o levantamento de hipóteses e a realização dos encaminhamentos necessários para atender às demandas específicas desses alunos.

Indicações culturais

Filmes

AS AVENTURAS do avião vermelho. Direção: Frederico Pinto e José Maia. Brasil: Imagem Filmes, 2013. 72 min.

Fernandinho é um garoto de 8 anos que perdeu a mãe e, por isso, sente-se sozinho. Para animá-lo, o pai lhe dá, entre outras coisas, um livro que foi seu na infância. A partir disso, o menino entra em uma aventura imaginária pelo mundo.

CORDA bamba – História de uma menina equilibrista. Direção: Eduardo Goldenstein. Brasil: Copacabana Filmes, 2012. 80 min.

Uma menina de 10 anos criada em um circo se vê obrigada a morar no ambiente urbano com sua avó. Ao ultrapassar as dificuldades para se adaptar à nova realidade, segue lembrando aos poucos de um fato traumático que havia sido enterrado em suas memórias.

HOJE eu quero voltar sozinho. Direção: Daniel Ribeiro. Brasil: Lacuna Filmes, 2014. 97 min.

Leonardo é um adolescente cego que almeja sua independência, a despeito ter uma mãe superprotetora. O rapaz descobre novos sentimentos, que despertam questionamentos sobre o que ele conhecia a respeito de si mesmo, quando outro adolescente, Gabriel, chega em sua cidade.

Atividades de autoavaliação

1. Com base na Política Nacional de Educação Especial na Perspectiva da Educação Inclusiva, identifique o conceito a que se refere o texto a seguir e assinale a alternativa correta:

   _____ é uma funcionalidade particular do indivíduo, em que não existe comprometimento intelectual desse sujeito. Refere-se a um conjunto de alterações expressas por dificuldades pontuais: na audição, na fala, na leitura, na escrita, no raciocínio ou nas habilidades matemáticas, na atenção e na concentração.

   a) Dificuldade de aprendizagem.
   b) Transtorno funcional específico.
   c) Aprendizagem.
   d) Distúrbio de aprendizagem.
   e) Transtorno do déficit de atenção com hiperatividade.

2. No que diz respeito ao processo de ensino e aprendizagem, identifique o conceito a que se refere o texto a seguir e assinale a alternativa correta:

   _____ é um processo que ocorre no sistema nervoso central (SNC) e é produto da experiência. Acarreta uma mudança de comportamento e depende de condições neurobiológicas e ambientais.

a) Dificuldade de aprendizagem.
b) Transtorno funcional específico.
c) Aprendizagem.
d) Distúrbio de aprendizagem.
e) Transtorno do déficit de atenção com hiperatividade.

3. Sobre as dificuldades e os distúrbios de aprendizagem, analise as assertivas a seguir e indique se são verdadeiras (V) ou falsas (F).
   ( ) Distúrbios de aprendizagem referem-se a um grupo heterogêneo de alterações intrínsecas ao indivíduo, que acontecem, presumivelmente, em razão da disfunção do sistema neurofuncional.
   ( ) Dificuldade de aprendizagem não tem origem emocional, educacional ou intelectual.
   ( ) *Distúrbios de aprendizagem* é um termo genérico que se refere a um grupo heterogêneo de alterações manifestadas por dificuldades significativas na aquisição e no uso da audição, da fala, da leitura, da escrita, do raciocínio ou das habilidades matemáticas.
   ( ) Todo educando que apresenta distúrbios de aprendizagem tem deficiência intelectual.
   ( ) *Dificuldades de aprendizagem* é uma expressão genérica que inclui diferentes tipos de dificuldade apresentados durante todo o processo de aprendizagem.

Agora, assinale a alternativa que apresenta a sequência correta:

a) V, F, F, V, F.
b) V, F, V, F, V.
c) F, V, V, F, V.
d) V, V, F, V, F.
e) F, F, F, F, F.

4. Relacione a coluna da esquerda com a da direita e, depois, assinale a alternativa que apresenta as correlações corretas:

A) Referem-se aos transtornos específico da aprendizagem.	1) Transtorno do déficit de atenção com hiperatividade.
B) Definição dos transtornos funcionais específicos (TFEs).	2) Dislexia, disgrafia, disortografia, discalculia.
C) Segundo o CID 10, refere-se ao transtorno hipercinético.	3) Grupo heterogêneo de alterações manifestadas por dificuldades significativas: na aquisição e no uso da audição, da fala, da leitura, da escrita, do raciocínio ou habilidades matemáticas, da atenção e concentração.

a) A-2; B-1; C-3.
b) A-1; B-3; C-2.
c) A-2; B-3; C-1.
d) A-3; B-2; C-1.
e) A-1; B-2; C-3.

5. Leia o trecho reproduzido a seguir, de autoria de García Sánchez (2004, p. 15-16):

> se caracterizam por um funcionamento substancialmente abaixo do esperado, considerando a idade cronológica do sujeito e seu quociente intelectual, além de interferirem significativamente no rendimento acadêmico ou na vida cotidiana, exigindo um diagnóstico alternativo nos casos de déficits sensoriais. Assumem-se, portanto, um critério de discrepância entre aptidão e o rendimento e um critério de exclusão, além do baixo rendimento e da interferência na vida cotidiana.

A que essa citação faz referência?

a) Distúrbios de aprendizagem.
b) Dificuldades de aprendizagem.
c) Transtornos funcionais específicos.
d) Aprendizagem.
e) Transtorno do déficit de atenção com hiperatividade.

Atividades de aprendizagem

Questões para reflexão

1. De acordo com a Política Nacional de Educação Especial na Perspectiva da Educação Inclusiva, do Ministério da Educação, a legislação contempla de forma adequada o atendimento ao aluno com transtornos funcionais específicos no contexto escolar? Por quê?

2. Quais ações efetivas você sugere para o atendimento do aluno com transtornos funcionais específicos (TFEs) no contexto escolar?

Atividade aplicada: prática

1. Visite uma escola que atenda alunos com TFEs e entreviste os professores de modo a identificar suas maiores dificuldades no atendimento desses alunos. Em seguida, solicite sugestões de adequação do trabalho docente para que o atendimento aconteça de maneira efetiva e satisfatória.

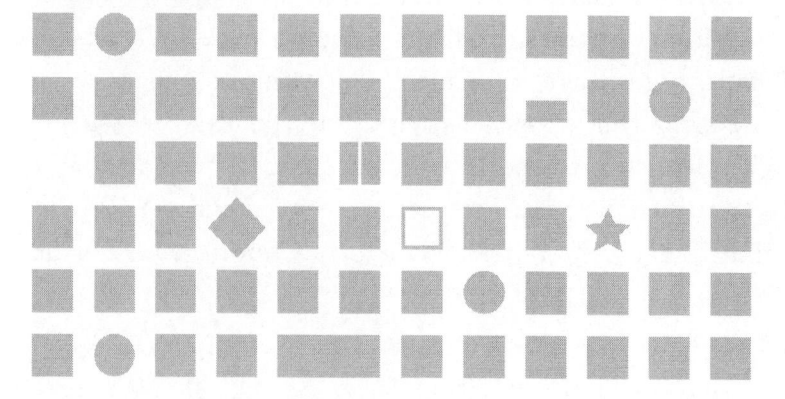

Capítulo 2
Dislexia

A dislexia é um transtorno muito comentado no espaço escolar em razão das inúmeras dúvidas e incertezas sobre o tema por parte dos educadores. Por isso, é imprescindível planejar e implementar ações para a permanência de educandos disléxicos em sala de aula. Entre elas, primeiramente, é preciso conhecer esse transtorno de leitura e identificar suas características. Somente assim é possível adotar procedimentos e estratégias metodológicas diferenciadas, que visem atender esses alunos no contexto regular de ensino.

2.1 Definições e características

A dislexia é considerada um comprometimento neurofuncional ligado à capacidade de aprendizagem da leitura. Manifesta-se como uma dificuldade específica de linguagem, relativa à decodificação de palavras, acarretando alterações no processamento fonológico. A dislexia compreende dificuldades linguísticas variadas que afetam a leitura, refletindo-se na escrita e na soletração.

"Estas dificuldades na decodificação de palavras isoladas são muitas vezes inesperadas em relação à idade e outras habilidades cognitivas e acadêmicas" (Snowling, 2004, p. 25).

Dessa forma, é possível afirmar que a dislexia diz respeito a um transtorno específico na aprendizagem relacionado a uma dificuldade de origem neurofuncional, endógena, que se manifesta no aprendizado da leitura e interfere na escrita.

Se não observadas e supridas as demandas específicas dos alunos que apresentam esse comprometimento, certamente o processo de ensino e aprendizagem ficará prejudicado.

Figura 2.1 – Exemplo de escrita de aluno com dislexia

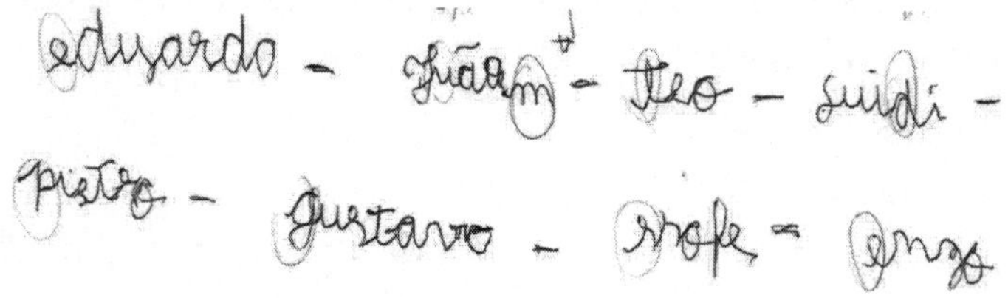

Gênero: masculino; idade: 9 anos.

Para atender esses educandos, primeiramente, é preciso identificar quem são eles; quais características se manifestam na escola; em que momento é possível concluir por um diagnóstico seguro; quais são os métodos e as propostas de alfabetização mais indicadas etc. Enfim, é essencial ter segurança quanto a esses fatores para, só então, estabelecer caminhos e procedimentos pedagógicos e/ou clínicos de intervenção compatíveis com as reais necessidades que se impõem nesse cenário.

Seguiremos a discussão trazendo os conceitos adotados pela Associação Brasileira de Dislexia (ABD), pelo Código Internacional de Doenças (CID 10 – Classificação Estatística Internacional de Doenças e Problemas Relacionados com a Saúde) e pela Organização Mundial da Saúde (OMS) no Manual Diagnóstico e Estatístico de Transtornos Mentais (DSM), publicado pela Associação Psiquiátrica Americana (APA), que está em sua 5ª versão (DSM-5).

2.1.1 Associação Brasileira de Dislexia (ABD)

A definição adotada pela International Dyslexia Association (IDA), que também é usada pelo National Institute of Child Health and Human Development (NICHD), define *dislexia* como "uma dificuldade resultante de um déficit no componente fonológico da linguagem que é frequentemente inesperado em relação a outras habilidades cognitivas" (IDA, 2020, tradução nossa).

Para a ABD (citada por Muller, 2014, p. 108, grifo nosso),

> A DISLEXIA, de causa genética e hereditária, é um transtorno ou distúrbio neurofuncional, ou seja, o funcionamento cerebral depende da ativação integrada e simultânea de diversas redes neuronais para **decodificar as informações**, no caso, as letras do alfabeto. Quando isso não acontece adequadamente, há uma desordem no caminho das informações, dificultando o processo da **decodificação das letras**, o que pode, muitas vezes, acarretar o comprometimento da escrita.

Segundo a ABD (2020a), alguns sinais já vão aparecendo na pré-escola, como:

- Dispersão;
- Fraco desenvolvimento da atenção;
- Atraso do desenvolvimento da fala e na linguagem;
- Dificuldade de aprender rimas e canções;
- Fraco desenvolvimento da coordenação motora;
- Dificuldade com quebra-cabeças;
- Falta de interesse por livros impressos.

Como esses sinais aparecem no início da idade escolar, eles podem passar despercebidos pelos seus professores, o que pode gerar um agravamento desses traços no decorrer da trajetória escolar dos educandos.

Os sintomas tornam-se mais evidentes a partir do processo de alfabetização, etapa escolar em que o educando começa a apresentar (ABD, 2020a):

- Dificuldade na aquisição e automação da leitura e da escrita;
- Pobre conhecimento de rima (sons iguais no final das palavras) e aliteração (sons iguais no início das palavras);
- Desatenção e dispersão;
- Dificuldade em copiar de livros e da lousa;
- Dificuldade na coordenação motora fina (letras, desenhos, pinturas etc.) e/ou grossa (ginástica, dança etc.);
- Desorganização geral, constantes atrasos na entrega de trabalho escolares e perda de seus pertences;
- Confusão para nomear entre esquerda e direita;
- Dificuldade em manusear mapas, dicionários, listas telefônicas etc.;
- Vocabulário pobre, com sentenças curtas e imaturas ou longas e vagas.

Uma vez identificados esses sintomas, é necessário o encaminhamento para uma avaliação multidisciplinar diagnóstica.

2.1.2 Código Internacional de Doenças (CID 10)

No CID 10 (OMS, 1993), a dislexia faz parte do grupo dos transtornos do desenvolvimento psicológico, especificada entre os transtornos específicos do desenvolvimento das habilidades escolares (F81), assim definidos:

> Transtornos nos quais as modalidades habituais de aprendizado estão alteradas desde as primeiras etapas do desenvolvimento. O comprometimento não é somente a consequência da falta de oportunidade de aprendizagem ou de um retardo mental, e ele não é devido a um traumatismo ou doença cerebrais. (OMS, 1993, p. 365)

Nesse manual, o código da dislexia é o F81.0 (transtorno específico de leitura). Nesse sentido, assim estabelece o documento:

> O transtorno **específico** da leitura se acompanha frequentemente de dificuldades de soletração, persistindo comumente na adolescência, mesmo quando a criança haja feito alguns progressos na leitura. As crianças que apresentam um transtorno específico da leitura têm frequentemente antecedentes de transtornos da fala ou de linguagem. O transtorno se acompanha comumente de transtorno emocional e de transtorno do comportamento durante a escolarização. (OMS, 1993, p. 365, grifo nosso)

O adjetivo *específico* denota que, na definição oficial do CID 10, as funções cognitivas específicas, como a habilidade de ler ou de soletrar, estão prejudicadas.

2.1.3 Manual Diagnóstico e Estatístico de Transtornos Mentais (DSM-5)

A dislexia, no DSM-5, faz parte do grupo dos transtornos do neurodesenvolvimento (APA, 2014). O manual interpreta a aprendizagem do disléxico como inferior à média dos demais alunos da mesma idade, "Com prejuízo na leitura (especificar se na precisão na leitura de palavras, na velocidade ou fluência da leitura, na compreensão da leitura)" (APA, 2014, p. 67).

O termo *dislexia* não sugere apenas um distúrbio, mas um paradigma de dificuldades de aprendizagem, em que é comum os alunos encontrarem obstáculos na fluência com as palavras e na capacidade de soletrar e decodificar palavras ou sentenças. Se o termo *dislexia* for utilizado para descrever esse quadro, é preciso indicar quaisquer questões adicionais que o aluno pode apresentar, como dificuldade de raciocinar matematicamente (APA, 2014).

Segundo consta no DSM-5, para o diagnóstico dos transtornos específicos da aprendizagem, "devem ser excluídos casos de Deficiência Intelectual, atraso global de desenvolvimento, má acuidade visual e auditiva, desordens neurológicas/mentais, falta de oportunidade acadêmica e adversidades psicossociais" (APA, 2014, p. 67).

2.2 Dislexia no início do processo de alfabetização

É comum que, no início do processo de alfabetização, os alunos cometam trocas e erros ortográficos. Portanto, para que sejam considerados um sinal de dislexia, esses equívocos precisam ser frequentes, ou seja, mesmo com as orientações do professor, eles se mantêm. A seguir, vejamos alguns sinais da dislexia que podem servir de alerta para o professor:

- Confusão de letras, sílabas ou palavras que se parecem graficamente: a-o, e-c, f-t, m-n, v-u.
- Inversão de letras com grafia similar: b/p, d/p, d/q, b/q, b/d, n/u, a/e.
- Inversões de sílabas: em/me, sol/los, las/sal, par/pra.
- Adições ou omissões de sons: casa Lê casaco, prato lê pato.
- Ao ler pula linha ou volta para a anterior.
- Soletração defeituosa: lê palavra por palavra, sílaba por sílaba, ou reconhece letras isoladamente sem poder ler.
- Leitura lenta para a idade.
- Ao ler, movem os lábios murmurando.
- Frequentemente não conseguem orientar-se no espaço sendo incapazes de distinguir direita de esquerda. Isso traz dificuldades para se orientarem com mapas, globos e o próprio ambiente.
- Usa dedos para contar.
- Possui dificuldades em lembrar se sequências: letras do alfabeto, dias da semana, meses do ano, lê as horas.
- Não consegue lembrar-se de fatos passados como horários, datas, diário escolar.
- Alguns possuem dificuldades de lembrar objetos, nomes, sons, palavras ou mesmo letras.
- Muitos conseguem copiar, mas na escrita espontânea como ditado e ou redações mostra severas complicações.
- Afeta mais meninos que meninas. (Sampaio, 2010b)

Para a realização do diagnóstico da dislexia, o educando deve apresentar, no contexto escolar, comprometimento específico e significativo do desenvolvimento das habilidades da leitura, como: baixa capacidade de compreensão da leitura;

dificuldade para estabelecer a relação grafema/fonema na identificação e na leitura oral das palavras; e problemas para realizar tarefas que necessitam da leitura.

Outros sinais também podem ser considerados como um alerta para identificar a dislexia:

Haverá sempre:
- dificuldades com a linguagem e escrita;
- dificuldades em escrever;
- dificuldades com a ortografia;
- lentidão na aprendizagem da leitura.

Haverá muitas vezes:
- disgrafia (letra feia);
- discalculia, dificuldade com a matemática, sobretudo na assimilação de símbolos e de decorar tabuada;
- dificuldades com a memória de curto prazo e com a organização;
- dificuldades em seguir indicações de caminhos e em executar sequências de tarefas complexas;
- dificuldades para compreender textos escritos;
- dificuldades em aprender uma segunda língua.

Haverá às vezes:
- dificuldades com a linguagem falada;
- dificuldade com a percepção espacial;
- confusão entre direita e esquerda. (Dislexia..., 2007)

Essas características são percebidas na escola ou mesmo em casa e, a partir da identificação desses problemas, a escola e a família deverão procurar ajuda especializada.

2.3 Avaliação e diagnóstico

Antes de atribuir a dificuldade de leitura à dislexia, alguns fatores devem ser descartados para a realização do diagnóstico:

- imaturidade para aprendizagem;
- problemas emocionais;
- incapacidade geral para aprender;
- método inadequado de alfabetização;
- déficit intelectual;
- disfunções ou deficiências sensoriais (auditivas e visuais);
- lesões cerebrais (congênitas e adquiridas);
- desordens afetivas anteriores ao processo de fracasso escolar.

A partir da identificação desses sintomas, a escola e/ou a família devem agendar uma consulta com um neurologista, um neuropsicólogo e/ou um psicólogo clínico, que deverão iniciar uma minuciosa investigação sobre a queixa e os sintomas do aluno para recolher as informações mais detalhadas sobre o motivo do encaminhamento.

Esse encaminhamento, geralmente, é realizado pela equipe pedagógica da escola e/ou da família do educando. Durante a primeira consulta, cabe a esse profissional verificar se o educando já realizou algum exame específico para investigar os sintomas e se há algum relatório da escola relacionado às dificuldades apresentadas. Nesse momento, será possível investigar as características apresentadas pelo educando e os motivos que o levaram à consulta. Inicialmente, devem ser descartados o déficit intelectual, as disfunções ou deficiências auditivas e visuais, as lesões cerebrais (congênitas ou adquiridas) e as desordens afetivas anteriores ao processo de fracasso escolar (com constantes fracassos escolares, o disléxico vai apresentar prejuízos emocionais, mas eles são consequências, não causas da dislexia). No entanto, nem sempre é possível fazer todo esse levantamento na primeira consulta. Caso se confirme a hipótese diagnóstica, o educando deverá ser submetido a uma avaliação multiprofissional.

Normalmente, é requisitada a atuação de uma equipe multidisciplinar em casos da exigência de um laudo, que funciona como uma assistência para educadores, terapeutas e pais de alunos com dislexia ou outros transtornos de aprendizagem (ABD, 2016).

> O trabalho da Equipe Multidisciplinar se inicia quando há o acolhimento dos pacientes adultos ou dos pais dos pacientes menores de 18 anos numa Primeira Entrevista, que é a ocasião em que a Psicóloga/Neuropsicóloga vai ouvir as queixas, os problemas do paciente, o seu histórico de vida, as situações em que se apresentam e, assim, vai verificar se o caso apresentado é passível de avaliação. Quando a avaliação se aplica ao caso, são marcadas consultas com a Psicóloga/Neuropsicóloga e com a Fonoaudióloga/Psicopedagoga. Nessas consultas, são aplicados testes específicos a cada área e idade. Após a fase de coleta de dados, inicia-se um período de estudos, quando cada profissional avalia os dados obtidos em sua área de atuação. Quando os exames complementares estiverem à disposição da equipe, há uma reunião das especialistas onde serão expostos para cada parte os resultados obtidos durante a Avaliação Multidisciplinar. É neste encontro

que se estabelecem o resultado e os encaminhamentos, isto é, estabelece-se qual o distúrbio que o paciente apresenta e quais as intervenções necessárias para o mesmo. O último passo é a Entrevista Devolutiva, quando o paciente adulto ou os pais de pacientes menores de 18 anos são convocados pela Neuropsicóloga para serem informados sobre os resultados do processo de avaliação e sobre as intervenções indicadas para o caso. (ABD, 2016)

Ao ser identificada a dificuldade para o aprendizado da leitura e da escrita, o educando é encaminhado para uma avaliação multidisciplinar.

O diagnóstico multidisciplinar dos transtornos de aprendizagem deve ser realizado por uma equipe composta por profissionais de diversas especialidades. A recomendação é que a equipe seja constituída por, no mínimo, um psicólogo (ou neuropsicólogo), um fonoaudiólogo, um psicopedagogo e um médico neuropediatra. A atuação integrada dessa equipe permite uma investigação mais precisa a respeito dos vários aspectos envolvidos na aprendizagem dos educandos avaliados (Instituto ABCD, 2020; ABD, 2016).

É de extrema importância que a equipe atue de forma interdisciplinar e compartilhe os resultados das avaliações especializadas para que seja possível concluir e finalizar o diagnóstico representativo das áreas investigadas. Ressaltamos que isso é diferente de realizar diversas avaliações, sem troca de informações entre os profissionais. Neste último caso, é possível que as avaliações parciais não representem o conjunto das dificuldades de aprendizagem do educando submetido à avaliação de diagnóstico (Instituto ABCD, 2020; ABD, 2016).

2.4 Atendimento e orientações

Após a confirmação do diagnóstico, inicia-se o atendimento ao educando com dislexia conforme as peculiaridades do caso. A seguir, apresentamos algumas sugestões que podem ser aplicadas no atendimento dos alunos com esse tipo de transtorno:

- "O tratamento deve ser realizado por um especialista ou alguém que tenha noções sobre o tema e que possa ajudar o dislexo. Deve ser individual e frequente" (Sampaio, 2010b).
- "Durante o tratamento, deve-se usar um material estimulante e interessante. Ao usar jogos e brinquedos empregar preferencialmente os que contenham letras e palavras" (Sampaio, 2010b).
- "Reforçar a aprendizagem visual com o uso de letras em alto relevo, com diferentes texturas e cores. É interessante que ele percorra o contorno das letras com os dedos para que aprenda a diferenciar a forma da letra" (Sampaio, 2010b).
- "Oriente o aluno para que escreva em linhas alternadas, para que tanto ele quanto o professor possa entender o que escreveu e poder corrigi-los" (Sampaio, 2010b).
- "Quando a criança não estiver disposta a fazer a lição em um dia ou outro não a force. Procure outras alternativas mais atrativas para que ele se sinta estimulado" (Sampaio, 2010b).
- "Nunca critique negativamente seus erros. Procure mostrar onde errou, porque errou e como evitá-los. Mas atenção: não exagere nas inúmeras correções, isso pode desmotivá-lo. Procure mostrar os erros mais relevantes" (Sampaio, 2010b).

Além disso, é importante ter a sensibilidade para perceber certos aspectos que ajudam no desempenho dos educandos com esses transtornos (Distúrbios..., 2020):

- As instruções devem ser claras: divida em passos, com retornos claros ao longo de todo o processo, dando exemplos e demonstrações, afirmando claramente o propósito e o raciocínio por trás da aprendizagem em questão e apresentando a informação em ordem lógica. Esse processo deve ser feito até que os estudantes dominem a habilidade a ser ensinada.
- Avaliar sempre se o educando entende aquilo que está sendo ensinado. Se algo não ficou claro, o conteúdo precisa ser revisado. Esse é um processo do ensino por diagnóstico e deve ser contínuo e processual. Com frequência, estudantes com dislexia precisam de mais tempo e de instruções mais intensas para aprender um conceito.
- Educandos disléxicos quase sempre têm grande dificuldade para se concentrar. Pode haver outros pontos que os estejam distraindo ou, ainda, eles talvez não consigam escutar uma longa palestra ou assistir a um vídeo extenso. Podem também ter grandes dificuldades com a memória de curto prazo, o que torna difícil fazer anotações ou entender instruções simples.
- Colocar o estudante sentado perto do professor ameniza quaisquer distrações e permite que o educando se concentre em suas tarefas. Além disso, ficar afastado de colegas que conversam muito ou de um corredor barulhento é uma ação que pode ajudá-lo a se concentrar.

É importante salientar que a escola tem um papel indispensável na vida do disléxico, uma vez que é nesse contexto, no espaço da sala de aula, no início da alfabetização, que o aluno apresenta os primeiros sintomas. Assim, cabe ao professor, juntamente à equipe pedagógica, realizar os procedimentos necessários para a confirmação ou não da dislexia, providenciando a realização da avaliação para, posteriormente, iniciar um tratamento/atendimento ao disléxico, caso se confirme a hipótese diagnóstica.

2.5 Métodos de tratamento

Muitos estudos vêm sendo realizados na busca de um tratamento adequado para o disléxico. Elecamos, aqui, dois dos mais conhecidos e utilizados: a Linguagem Estruturada Multissensorial (LEM) e a panlexia (método de reeducação das dificuldades específicas de leitura e escrita).

O **método LEM** trabalha as habilidades sensoriais, associando as percepções táteis e cinestésicas aos estímulos visuais e auditivos, sentidos que são necessários para a decodificação do grafema e do fonema, cujo aprendizado é fundamental no processo de alfabetização.

> No método multissensorial, há um engajamento muito maior e mais explícito de outras modalidades sensoriais, como a tátil (o aluno sente uma letra desenhada com um material de textura específica, por exemplo), a cinestésica (o aluno movimenta-se sobre uma letra desenhada no chão, por exemplo), e a fonoarticulatória (o aluno, de forma intencional,

atenta aos movimentos e posições de lábios e língua necessários para pronunciar determinado som). Assim, o método multissensorial tenta, intencionalmente, apresentar a linguagem escrita, tendo como input outras modalidades não usadas no método tradicional, como o tato e a cinestesia. (Sebra; Dias, 2011, p. 308)

Para Capovilla (2002), essa abordagem pode ser muito benéfica para todos os educandos, mesmo que seja voltada, inicialmente, aos educandos com dislexia.

Por sua vez, o **método da panlexia** provê tanto a orientação diagnóstica quanto um programa de intervenção pedagógica com o indivíduo disléxico. Esse método é indicado para dificuldades na aprendizagem, e suas técnicas compreendem práticas específicas para o desenvolvimento da consciência fonológica e estratégias terapêuticas pedagógicas em linguística, estruturadas em padrões fonema *versus* grafema (Kvilekval, 2004).

Cabe lembrar que, para um progresso acadêmico eficaz, o trabalho deve ser integrado e compartilhado entre família, escola e equipe clínica.

Síntese

Neste capítulo, examinamos o transtorno da leitura, a dislexia. Discutimos os conceitos e os critérios de diagnóstico da dislexia segundo a ABD, o DSM-5 e o CID 10. Também tratamos das primeiras manifestações da dislexia, que, em regra, ocorrem no início do processo de aprendizagem. Destacamos, ainda, as características para diagnóstico e propusemos algumas sugestões de atendimento para educandos que apresentam esse transtorno. Por fim, citamos os métodos mais conhecidos atualmente para tratar da dislexia.

Indicações culturais

Livros

BATISTA, R. M. **Meu filho, minha vida**: nossa história com a dislexia. São Paulo: All Print, 2012.

Nessa obra, a autora relata a experiência escolar de uma criança disléxica relacionando os fatos a bases teóricas. Evidenciam-se as barreiras que o sistema educacional impõe aos alunos com dificuldades de aprendizagem e destaca-se a falta de preparo dos adultos envolvidos em relação a essa criança ao lidar com esse tipo de situação.

MOOJEN, S. M. P. **A escrita ortográfica na escola e na clínica**: teoria, avaliação e treinamento. São Paulo: Casa do Psicólogo, 2011.

O livro trata de duas questões essenciais no contexto escolar: o ensino apropriado das regras de ortografia e a identificação dos alunos com dificuldades nessa área. Além disso, destaca a possibilidade de progresso desses educandos, a despeito dos obstáculos que se impõem no caminho.

Filme

COMO estrelas na Terra – toda criança é especial. Direção: Aamir Khan. Índia: Aamir Khan Productions, 2007. 175 min.

Ao entrar em um internato como professor substituto de Artes, Nikumbh conhece Ishaan, um menino que tem dificuldades de leitura e não consegue escrever direito, nem mesmo aprender o alfabeto. Nikumbh decide ajudá-lo a aprender esses conceitos, sempre de maneira inovadora, o que acaba devolvendo a Ishaan a confiança em si mesmo.

Atividades de autoavaliação

Leia o texto a seguir e responda às questões 1 e 2.

J.R.C. tem 8 anos e 9 meses de idade, frequenta o 3º ano do ensino fundamental em uma escola pública municipal. É bastante esperto nas atividades extraclasse e independente nos cuidados pessoais. Frequentou a pré-escola (1º ano) e, já nessa época, observou-se que suas habilidades e seu desempenho estavam abaixo do esperado para sua idade. A família foi informada da dificuldade constatada durante o ano letivo.
Ao ingressar no terceiro ano, verificou-se que o menino demonstrava baixo rendimento na leitura, com velocidade ou compreensão de leitura substancialmente inferior ao esperado, ocorrendo distorções, substituições e omissões de letras. Tanto a leitura em voz alta quanto a silenciosa manifestavam lentidão e erros de compreensão. Ele reconhecia as letras de forma isolada, sem poder organizá-las como um todo, ou lia a palavra sílaba por sílaba, ou, ainda, lia o texto palavra por palavra. Pulava palavras ou linhas na leitura ou na escrita. Apresentava escrita frequentemente invertida, além de lentidão para escrever, não acompanhando os conteúdos propostos no 3º ano. Na produção da escrita, apareciam grafemas (letras) sem relação com os respectivos fonemas (sons).

1. J.R.C. apresenta características de uma criança com:
   a) deficiência intelectual.
   b) disgrafia.
   c) transtorno global do desenvolvimento.
   d) dislexia.
   e) transtorno do déficit de atenção com hiperatividade.

2. A hipótese diagnóstica que deve ser descartada no caso de J.R.C. é:
   a) deficiência intelectual.
   b) transtorno funcional específico.
   c) transtorno de leitura e escrita.
   d) dislexia.
   e) disgrafia.

3. Sobre a dislexia, analise as assertivas a seguir e indique se são verdadeiras (V) ou falsas (F).
   ( ) Não tem origem na disfunção neurológica funcional e interfere na decodificação do grafema e do fonema.
   ( ) Ocorre confusão entre letras, sílabas ou palavras que apresentam uma grafia muito parecida, mas com diferente orientação espacial: b/d, b/p, b/q, d/q, n/u, w/m, a/e.
   ( ) A dificuldade de leitura obriga os alunos a fazer um esforço além do usual, no intuito de desvendar o material.
   ( ) A condição não é hereditária; estudos mostram que disléxicos não têm nenhum familiar com dificuldade na aprendizagem da leitura e da escrita.

Agora, assinale a alternativa que apresenta a sequência correta:

a) V, F, F, V.
b) F, V, F, V.
c) F, V, V, F.
d) V, V, V, V.
e) F, F, F, F.

4. Analise os itens a seguir e identifique aqueles que correspondem ao quadro de dislexia.

   I) Inversão de letras com grafia similar: *b/p, d/p, d/q, b/q, b/d, n/u, a/e*.
   II) Erros ligados à orientação espacial: dificuldade em organizar adequadamente a escrita na folha, margem malfeita ou inexistente, espaços entre as palavras e entre linhas irregulares, escrita ascendente ou descendente.
   III) Inversões de sílabas: *em/me, sol/los, las/sal, par/pra*.
   IV) Uso incorreto do símbolo gráfico para representar a linguagem falada.
   V) Adições ou omissões de sons: em *casa* lê *casaco*, em *prato* lê *pato*.

Agora, assinale a alternativa que apresenta somente os itens corretos:

a) Apenas I, II e V.
b) Apenas I, III e V.
c) Apenas II e III.
d) Apenas I e V.
e) Apenas II e IV.

5. No que se refere à dislexia, é correto afirmar:
   a) Caracteriza-se por sinais claros e repetitivos de desatenção, inquietude e impulsividade.
   b) Caracteriza-se pela dificuldade em articular as palavras e pela má pronúncia delas.
   c) Caracteriza-se pela dificuldade de compreender e manipular números.
   d) Caracteriza-se pelo distúrbio na leitura que afeta a escrita, normalmente detectado a partir da alfabetização.
   e) Caracteriza-se apenas pela falta de atenção em sala de aula.

Atividades de aprendizagem

Questões para reflexão

1. Como os métodos fonéticos podem auxiliar na alfabetização do educando com o diagnóstico de dislexia?
2. Digamos que você tenha, em sua sala de aula, um aluno com dislexia. Quais seriam as estratégias metodológicas que você adotaria e como ocorreria a avaliação acadêmica/pedagógica?

Atividade aplicada: prática

1. Faça uma visita a uma escola que tenha alunos com diagnóstico de dislexia matriculados. Elabore um plano de trabalho para atuar com esses alunos, estabelecendo as medidas de intervenção apropriadas para esse perfil, com uma proposta pedagógica e uma avaliação que possa melhor atendê-los.

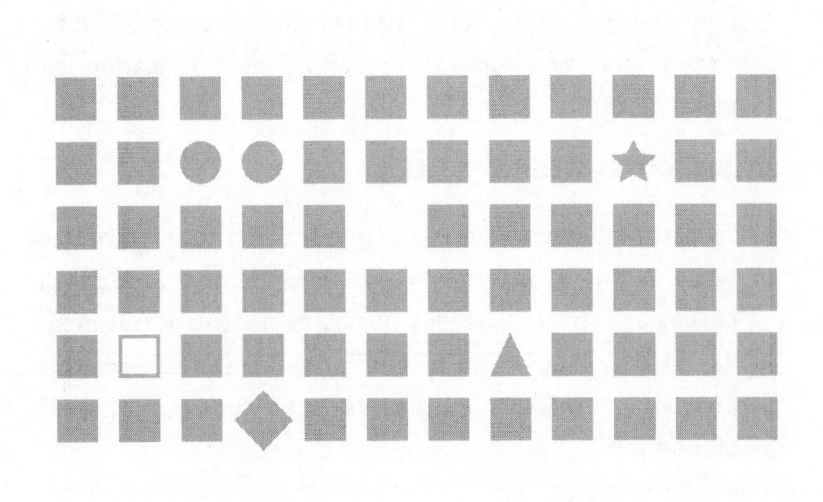

Capítulo 3
Disgrafia, disortografia e discalculia

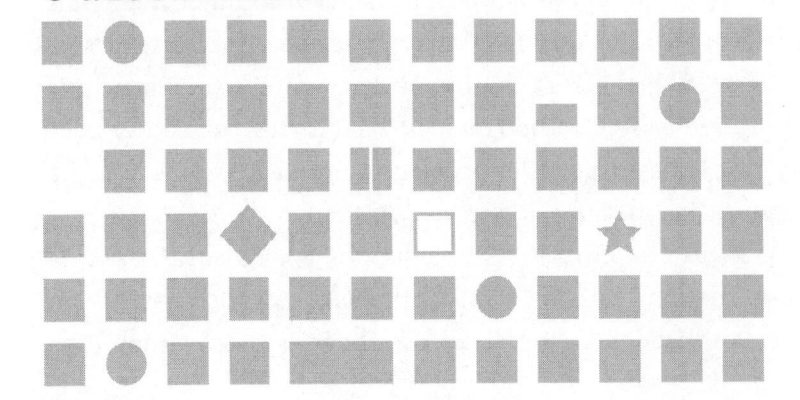

Neste capítulo, abordaremos as definições, os diagnósticos e os atendimentos relativos à disgrafia, à disortografia e à discalculia, que são transtornos escolares de origem neurofuncional. Cada transtorno tem suas peculiaridades, por isso é importante atentar às diferenças que cada um apresenta em relação aos demais.

3.1 Disgrafia

A disgrafia é um transtorno específico do desenvolvimento das habilidades escolares, caracterizado pela presença de problemas na linguagem escrita que dificultam a comunicação de ideias e a apreensão de conhecimentos em razão da grafia das palavras. Ressaltamos que, nesse caso, o educando não tem um problema visual, tampouco motor, mas, ainda assim, não consegue transmitir as informações visuais ao sistema motor.

3.1.1 Definições e características

Etimologicamente, *disgrafia* é uma palavra composta por *dis* (desvio) + *grafia* (escrita), ou seja, é "uma perturbação de tipo funcional que afeta a qualidade da escrita do sujeito, no que se refere ao seu traçado ou à grafia" (Torres; Fernández, 2001, p. 127); trata-se, pois, de "problemas de execução gráfica e de escrita das palavras" (Cruz, 2009, p. 180).

Segundo Johnson e Myklebust (1983), a disgrafia é uma desordem no campo visual-motor. Para esses autores, devem ser analisadas as seguintes habilidades relativamente ao educando que apresenta dificuldades na escrita: coordenação visomotora (psicomotricidade), memória visual, leitura, soletração, sintaxe e formulação de ideias.

Ciasca (2005, p. 6), define a disgrafia como uma "falha na aquisição da escrita; implica uma inabilidade ou diminuição no desenvolvimento da escrita. Atinge 5 a 10% da população escolar e pode ser dos seguintes tipos: disgrafia do pré-escolar; construção de frases; ortográfica e gramatical; caligrafia e espacialidade".

Para Novaes (2007, p. 79), a disgrafia pode ser identificada quando o educando apresenta:

> Rigidez no traçado: quando a escrita é muito inclinada e geralmente comprimida, mas regular de direção, crispada, sobrecarregada de ângulos e empelotada, dando uma ideia de grande tensão.
>
> Relaxamento gráfico: quando é irregular na direção e na dimensão, as letras são malformadas e as margens mal organizadas.
>
> Impulsividade e instabilidade no traçado: há falta de controle no gesto gráfico, geralmente dá-se a impressão de pressa e confusão.
>
> Esforço excessivo de precisão e lentidão: quando o traçado é lento, há grande esforço de direção e de controle.

A disgrafia não consiste em um simples atraso da evolução geral; na maioria das vezes, trata-se apenas de um atraso gráfico. Os alunos podem cometer erros ortográficos graves, omitir, acrescentar ou inverter letras e sílabas. A dificuldade espacial revela-se na falta de domínio do traçado da letra, o qual sobe e desce a linha demarcada para a escrita.

Figura 3.1 – Exemplo de texto de aluno com disgrafia

[Texto manuscrito:] Atualmente, o Brasil tem seu governo tomado por representantes de forças ideológicas que tendem à coesiva política, o que poderá, no futuro, trazer consequências desastrosas para as nossas relações internacionais, com países que sejam considerados antinomia da linha ideológica assumida pelo governo federal brasileiro. No cenário interno, há enormes desafios na segurança pública, economia, saúde e educação. Contudo o orçamento federal é cada vez mais apertado, e o sistema federalista brasileiro não tem oferecido o suporte necessário à manutenção desses setores nos estados da República.

Elvani de Lucia

Gênero: masculino; idade: 20 anos.

Existem digráficos com letra mal grafada, mas legível; porém, outros cometem erros e borrões que quase não deixam possibilidade de leitura para sua escrita cursiva, embora eles mesmos sejam capazes de ler o que escreveram.

Sampaio (2010a, p. 56) assim caracteriza a disgrafia:

> também chamada de letra feia, isto acontece devido a uma incapacidade de recordar a grafia da letra. Quando o educando escreve, tenta recordar e acaba por escrever muito lentamente, e assim unindo inadequadamente as letras, tornando-as ilegíveis. Esse distúrbio não está associado a nenhum tipo de comprometimento intelectual. O que quer dizer que o educando com disgrafia tem total capacidade intelectual, assim como pode ter uma ótima leitura.

Reforçando o conceito de disgrafia, Ajuriaguerra e Marcelli (1991, p. 48) afirmam que se trata de uma deficiência na qualidade do traçado gráfico que não deve ter como causa "déficit" intelectual e/ou neurológico. Fala-se, portanto, de educandos de inteligência média ou acima da média, que por vários motivos apresentam uma escrita ilegível ou demasiadamente lenta, o que impede um desenvolvimento normal da escolaridade.

É possível que a caligrafia da criança que apresenta disgrafia seja ilegível, uma vez que sua letra pode ser muito pequena ou muito grande, mal desenhada e, às vezes, sem a observância das linhas ou do tamanho das letras. Isso pode acontecer em razão de uma rigidez na mão ou na postura. Além de todas as características citadas, o aluno com disgrafia ainda pode escrever no sentido inverso do usual.

O educando que apresenta disgrafia não consegue escrever no mesmo ritmo que seus colegas e, com essa condição, estará sempre em defasagem em relação ao grupo de que faz parte. Por isso, é importante respeitar o ritmo dele e não exigir que acabe as atividades no mesmo tempo que seus colegas.

Para Sampaio (2010a, p. 82, grifo nosso), existem dois tipos de disgrafia:

> **motora (discaligrafia)**: a criança consegue falar e ler, mas encontra dificuldades na coordenação motora fina, para escrever as letras, as palavras e os números, isto é, vê a figura gráfica, mas não consegue fazer os movimentos para escrevê-la.
>
> **perceptiva**: não consegue fazer relação entre o sistema simbólico e as grafias que representam sons, palavras e frases. Possui características da dislexia, sendo que esta última está associada à leitura e a disgrafia, à escrita.

Na explicação de Sampaio (2010a), na disgrafia motora, o aluno efetua a leitura, mas apresenta dificuldade na realização dos traçados gráficos nos movimentos da escrita; já na disgrafia perceptiva, o educando apresenta dificuldade de perceber a relação entre o sistema simbólico e as grafias que representam os sons, as palavras e as frases, resultando no comprometimento de sua escrita. Há semelhança com a dislexia, mas esta é um transtorno da leitura, ao passo que a disgrafia configura uma dificuldade na escrita.

É importante salientar que, na maioria dos casos, é preciso que o aluno apresente quase todos estes sinais para que o diagnóstico seja realizado (Silva, 2017):

- Forma irregular de segurar o lápis e dificuldade na pressão a aplicar;
- Traçado muito grosso ou muito suave;
- Forma das letras irreconhecível, muitas vezes distorcida ou simplificada, fazendo com que só a própria criança consiga ler o que escreveu;
- Letra excessivamente grande ou pequena ou com tamanhos inconsistentes;
- Espaçamento irregular entre letras ou palavras, que podem estar muito afastadas ou sobrepostas;
- Escrita demasiado rápida ou lenta;
- Postura gráfica incorreta;
- Não ser capaz de respeitar as linhas;
- Inclinação inconsistente das letras e palavras;
- Uso incorreto de maiúsculas e minúsculas;
- Pontuação inexistente ou errada;
- Erros ortográficos com omissão ou troca de letras;
- Desorganização geral na folha ou texto.

Caso o aluno apresente todas essas características ou grande parte delas, é imprescindível que ele seja encaminhado para a confirmação do diagnóstico e, se for o caso, para posterior tratamento, devendo ser dada à família do educando uma orientação apropriada sobre o assunto.

3.1.2 Avaliação e diagnóstico

Os mesmos critérios de diagnósticos da disgrafia são utilizados tanto no Código Internacional de Doenças (CID 10) quanto no Manual Diagnóstico e Estatístico de Transtornos Mentais (DSM-5). Pelos referenciais do CID 10, a disgrafia constitui um transtorno específico do desenvolvimento das habilidades escolares, caracterizando-se como um transtorno específico da soletração (OMS, 1993). No DSM-5, caracteriza-se como um transtorno específico da aprendizagem, com prejuízo na expressão da escrita (APA, 2014).

Antes de atribuir a dificuldade de leitura à disgrafia, alguns fatores devem ser descartados:

- imaturidade para aprendizagem;
- problemas emocionais;
- método inadequado de alfabetização;
- déficit intelectual;
- disfunções ou deficiências sensoriais (auditivas e visuais);
- lesões cerebrais (congênitas e adquiridas);
- desordens afetivas ocorridas antes do processo de fracasso escolar.

Realizar um diagnóstico nem sempre é uma tarefa fácil, mas é preciso fazer seu levantamento para que o educando com disgrafia possa contar com os atendimentos e as intervenções necessárias para seu desenvolvimento acadêmico e social.

Salientamos que, assim que a escola ou a família identificar os sintomas e realizar o encaminhamento para uma avaliação multiprofissional, o aluno deverá ser atendido pedagogicamente, empregando-se estratégias e metodologias diferenciadas com vistas a minimizar seu quadro até o resultado da avaliação.

No **CID 10**, a disgrafia faz parte do grupo dos transtornos específicos do desenvolvimento das habilidades escolares (F81), integrando o subgrupo de transtorno específico da soletração (F81.1).

Quando a disgrafia ocorre por um transtorno específico da soletração, o disgráfico apresenta dificuldade de fazer a relação entre o som da palavra e a grafia correspondente, o que o impede de realizar o traçado gráfico que representa a palavra, comprometendo a escrita (OMS, 1993).

> A característica essencial é uma alteração específica e significativa do desenvolvimento da habilidade para soletrar, na ausência de antecedentes de um transtorno específico de leitura, e não atribuível à baixa idade mental, transtornos de acuidade visual ou escolarização inadequada. A capacidade de soletrar oralmente e a capacidade de escrever corretamente as palavras estão ambas afetadas. (OMS, 1993, p. 365)

A escrita é um processo altamente complexo que envolve vários sentidos, músculos e partes do cérebro. Problemas em qualquer uma dessas áreas podem resultar em dificuldades de escrita e, por isso, na produção de um diagnóstico de disgrafia, é importante estar atento a todos os sinais que os alunos apresentam durante a produção gráfica. Deve-se perceber se apresentam desleixo, desatenção, descuidos, se evitam escrever, se preferem verbalizar seu pensamento e se, quando realizam uma produção gráfica, ela resulta em um texto de difícil compreensão.

Os sintomas mais frequentes são os indicados a seguir, conforme os critérios para o diagnóstico da disgrafia estabelecidos pelo **DSM-5**, os quais podem ser percebidos sempre que o educando realiza atividades grafomotoras (APA, 2014).

a) **Visoespacial**:
- desenhos distorcidos, mal colocados na folha, sem proporção ou planejamento e pobres em detalhes;
- falta de organização da página;
- desrespeito às linhas;
- desorganização geral na folha ou texto;
- desproporção entre as letras.

b) **Visomotora**:
- dificuldades para copiar letras e outros símbolos;
- dificuldades na escrita de números e letras;
- excessiva inclinação da folha ou ausência de inclinação;
- casos dolorosos geralmente por hipertonia de mão e dedos;
- forma irregular de segurar o lápis e dificuldade na pressão;
- escrita demasiado rápida ou lenta;

- dificuldades de imitar o que vê (martelar, amarrar sapatos, fazer mímicas);
- postura gráfica incorreta;
- erros ortográficos com omissão ou troca de letras.

c) **Grafomotora:**
- letras excessivamente grandes ou pequenas ou com tamanhos inconsistentes;
- letras corrigidas diversas vezes, deformadas, inclinação inconsistente;
- letras com pouco grau de nitidez, irreconhecíveis, muitas vezes distorcidas ou simplificadas, fazendo com que só a própria criança consiga ler o que escreveu;
- espaçamento irregular entre letras ou palavras, que podem estar muito afastadas ou sobrepostas;
- ritmo de escrita muito lento ou muito rápido;
- traçado muito grosso ou muito suave;
- traços de má qualidade;
- uso incorreto de maiúsculas e minúsculas.

Depois de identificar a maioria desses traços, pode ser elaborado um diagnóstico de confirmação do transtorno. A próxima etapa, então, consiste no atendimento ao aluno.

3.1.3 Atendimento e orientações

É de fundamental importância que o educando com disgrafia tenha um atendimento individualizado. A mediação e as intervenções devem acontecer para melhorar as atividades gráficas ao fazer o uso do lápis, como atividades pictográficas, escrita espontânea e cópias. É necessário que o educando tome consciência de seus erros para que ele mesmo possa fazer as correções em suas posturas, no que se refere tanto aos erros específicos de sua escrita quanto aos relacionados às margens e às linhas, ao aspecto geral do texto e à obediência às regras.

Ressaltamos a importância de reforçar os movimentos corretos do traçado e de trabalhar a percepção espaço-temporal, a lateralização e a coordenação visomotora. Sugerimos a realização de atividades de desenho, pintura, modelagem, escrita em papel (margens delimitadas) com lápis e caneta, devendo-se observar que o educando deve fazer todas essas tarefas na posição sentado. As atividades grafomotoras devem ser prazerosas e interessantes, permitindo que o educando se envolva e obtenha excelentes resultados.

Para Sampaio (2010a), a disgrafia requer um acolhimento que deve ser resultado de um conjunto formado pela atuação de diversas áreas, como a neurologia, a psicopedagogia e a fonoaudiologia. A terapia deve ser feita mediante estímulos linguísticos globais e de forma complementar à atividade educacional. A escola e a família precisam trabalhar em conjunto, com o intuito de fornecer reforços positivos em face da evolução do educando e evitar as repreensões, além de incentivar sua expressividade de forma oral. É importante, também, que os professores se abstenham de utilizar marcadores vermelhos na correção das avaliações, de modo a não destacar os erros, e sim os acertos e os progressos do educando com disgrafia.

É imprescindível não forçar esses educandos a realizar alguma atividade que dificilmente conseguirão fazer; é melhor desenvolver estratégias que se adaptem ao quadro da disgrafia. Além disso, efetuar algumas atividades grafomotoras pode ajudar o disgráfico a trabalhar a coordenação motora e o domínio das mãos, uma vez que ele aprenderá a movimentar o lápis sobre o papel. Os exercícios, por sua vez, devem ser atrativos e não maçantes e precisam estar de acordo com a idade, ser criativos e interessantes. A frequência das atividades grafomotoras o ajuda a adquirir maior domínio e segurança em relação ao uso do lápis.

Ainda, é importante realizar atividades em materiais que atribuam ao educando limites (linhas) a serem respeitados, pois isso auxilia na aquisição de mais domínio na escrita. Vale lembrar que as etapas são decisivas para notar a melhora no desenvolvimento e no manuseio com o lápis na hora de escrever. Agindo-se dessa forma, é possível, então, aplicar exercícios que promovam a reaprendizagem da forma das letras e do espaçamento necessários entre elas.

É preciso observar o modo como o disgráfico segura o lápis, pois, conforme o caso, pode causar-lhe fadiga e dores nas mãos. Nessa hipótese, o disgráfico deve ser orientado a identificar qual seria a forma mais adequada para desenvolver sua escrita, sem que lhe traga desconforto. Além disso, a posição do papel reflete a maneira como a criança escreve.

Finalmente, é possível fazer uso de pincéis coloridos e gizes de cera, já que eles podem ser ideais na etapa inicial dos exercícios, principalmente para que o educando consiga trabalhar a pressão que é exercida sobre a folha de papel. A orientação para usar traços retos propicia o desenvolvimento da coordenação motora.

3.2 Disortografia

A disortografia constitui um transtorno na escrita que consiste no uso incorreto do símbolo gráfico para representar a linguagem falada; é diferente da disgrafia, que também é um transtorno da escrita, mas que se caracteriza pela incapacidade do educando em se submeter às regras caligráficas.

3.2.1 Definições e características

Com uma frequência bem comum junto à disgrafia e à dislexia, a disortografia "é a dificuldade na escrita, caracterizada pelas trocas; omissões de letras; confusão na concordância de gênero, de número; erros sintáticos grosseiros e uso incorreto da pontuação. É o uso incorreto do símbolo gráfico para representar a linguagem falada" (Ajuriaguerra; Marcelli, 1991, p. 53).

Etimologicamente, *disortografia* é uma palavra composta por *dis* (desvio) + *orto* (correto) + *grafia* (escrita), ou seja, trata-se de uma dificuldade manifestada por "um conjunto de erros da escrita que afetam a palavra, mas não o seu traçado ou grafia" (Vidal, 1989, citado por Torres; Fernández, 2001, p. 76). Uma criança disortográfica não é, obrigatoriamente, disgráfica.

Pereira (2009, p. 9) considera a disortografia

> como uma perturbação que afeta as aptidões da escrita e que se traduz por dificuldades persistentes e recorrentes na capacidade da criança em compor textos escritos. As dificuldades centram-se na organização, estruturação e composição de textos escritos; a construção frásica é pobre e geralmente curta,

observa-se a presença de múltiplos erros ortográficos e [por vezes] má qualidade gráfica.

Figura 3.2 – Exemplo de texto de aluno com disortografia

> PELO O QUE EU OUVI FALAR A VIOLENCIA NO RIO DE JANEIRO E BEM ALTA MAIS DEPENDE MUITO DA ONDE VOCÊ ESTA O HORARIO QUE VC ESTA EN FIM TENHO AMIGOS QUE MORAN LA E NUMCA FORAN ASSALTADOS.

Elvani de Lucia

Gênero: masculino; idade: 33 anos.

É importante salientar que, até o 3º ano da educação básica, é comum que os educandos cometam confusões ortográficas, trocas e substituição de letras, e isso ocorre porque a relação entre os fonemas (sons) e os grafemas (letras) ainda não está dominada por completo. Essa desorientação sobre assuntos amplamente trabalhados pelo professor em sala de aula é característica da disortografia.

O educando com disortografia apresenta inúmeros erros que se manifestam ao longo de sua trajetória acadêmica, podendo chegar à vida adulta sem ter sido diagnosticado. Esses sujeitos ficam marcados por apresentar, em seus textos escritos, trocas ortográficas, omissões de letras, confusão na concordância de gênero e de número, erros sintáticos grosseiros e uso incorreto da pontuação. A produção textual escrita de um disortográfico resulta em um texto sem sentido, desconexo, incoerente e desarmônico. O educando não consegue, por meio da escrita, expressar de forma clara seu pensamento, suas ideias e seu posicionamento.

Imagine uma frase assim: "Hoje choveu muito, até caiu **granito**". Uma simples troca entre do *z* (de *granizo*) pelo *t* (de *granito*), muda completamente o sentido da frase e da informação. Como ocorreria, então, uma troca de maiores proporções em uma produção de um texto com muitas linhas? Que coerência teria esse texto, com tantas trocas de letras e palavras? Seria difícil para o professor entender o que, exatamente, esse educando tentou expressar em sua redação. Por isso, é muito importante que o professor leia essa composição junto ao educando, fazendo as correções necessárias com ele e, posteriormente, solicite que reescreva o trabalho com base nas correções realizadas. Dessa forma, permitirá que esse aluno memorize a ortografia correta das palavras para que, assim, possa usá--las com mais segurança.

3.2.2 Avaliação e diagnóstico

Para levantar a hipótese diagnóstica de disortografia, é necessário verificar se as trocas ortográficas persistem de modo repetido, se os erros dizem respeito às palavras de uso mais frequente e regular pelo educando e se os erros ortográficos se referem a palavras mais elementares. Podemos afirmar, além disso, que as palavras de pouco uso possibilitam a frequência dos erros, ao passo que as de uso mais constante têm mais chances de se apresentarem em sua escrita correta.

Antes de atribuir a dificuldade de leitura à disortografia, alguns fatores devem ser descartados:

- imaturidade para aprendizagem;
- problemas emocionais;
- incapacidade geral para aprender;
- método inadequado de alfabetização;
- déficit intelectual;
- disfunções ou deficiências sensoriais (auditivas e visuais);
- lesões cerebrais (congênitas e adquiridas);
- desordens afetivas anteriores ao processo de fracasso escolar.

Para efetuar o diagnóstico, é essencial que o professor esteja atento e verifique com que frequência o educando comete os mesmos erros e em que momentos isso ocorre.

O **DSM-5** não diferencia a disgrafia da disortografia; dessa forma, a classificação é a mesma que é dada para a disgrafia. Ainda que consista no mesmo conteúdo, consideramos importante frisar determinadas nomenclaturas para fins didáticos e explicativos:

> Transtorno específico da aprendizagem
> [...]
> **315.2 (F81.81) Com prejuízo na expressão da escrita:**
> **Precisão na ortografia**
> Precisão em gramática e pontuação
> Clareza e organização na expressão escrita. (APA, 2014, p. 67, grifo nosso e do original)

O **CID 10** não atribui nenhuma classificação específica à disortografia. Já o **DSM-5** classifica a trajetória de aprendizado fortemente discrepante, inferior em relação à média.

Além disso, outros autores acrescentam algumas características para auxiliar no diagnóstico:

Erros de caráter linguístico-perceptivo: que estão relacionados a omissões, adições e inversões de letras, de sílabas ou palavras, troca de símbolos linguísticos que se parecem sonoramente ("faca"/"vaca").

Erros de caráter visoespacial: substitui letras que se diferenciam pela sua posição no espaço ("b"/"d"), confunde-se com fonemas que apresentam dupla grafia ("ch"/"x"), omite a letra "h", por não ter correspondência fonética.

Erros de caráter visoanalítico: não faz síntese e/ou associações entre fonemas e grafemas, trocando letras sem qualquer sentido.

Erros relativos ao conteúdo: ao separar sequências gráficas pertencentes a uma dada sucessão fônica, ou seja, une palavras ("ocarro", em vez de "o carro"), junta sílabas pertencentes a duas palavras ("no diaseguinte") ou separa as palavras incorretamente.

Erros referentes às regras de ortografia: não coloca "m" antes de "b" e "p", ignora as regras de pontuação, esquece de iniciar as frases com letra maiúscula, desconhece a forma correta de separação das palavras na mudança de linha, a sua divisão silábica, a utilização de hífen. (Torres; Fernández, 2001, p. 86)

Assim, torna-se mais fácil a tarefa de realizar uma diferenciação mais precisa e específica, evitando-se que haja confusão com outros transtornos similares.

3.2.3 Atendimento e orientações

Para o atendimento do educando com disortografia, é importante estimular a memória visual por meio do uso de quadros com as letras do alfabeto, com os números e seus nomes e com as famílias silábicas. Não se deve estabelecer como regra que o educando escreva 20 vezes a palavra, pois isso de nada vai adiantar. Também não é pertinente reprimir o educando pelos seus erros, mas ajudá-lo a identificá-los, incentivando-o positivamente.

Sugerimos elogiar sempre que o aluno acertar a escrita, para dar um reforço positivo em face daquele processo de aprendizagem. O incentivo à brincadeira, à música e aos jogos envolvendo os conteúdos aprendidos em sala também facilita a fixação. Além disso, é essencial propiciar um ambiente mais agradável aos educandos, o que favorece a construção de um processo pedagógico bem-sucedido.

Também é importante estabelecer relações entre conteúdos já aprendidos e outros que ainda serão aplicados, para que os novos assuntos ganhem sentido. Deve-se procurar incitar a curiosidade e o interesse dos alunos e valorizar as habilidades e as capacidades que eles têm. Outra estratégia é permitir que o aluno que apresenta dificuldade ensine aos alunos de classes mais básicas alguns conteúdos já vistos anteriormente. Assim, ele os relembrará e se conscientizará dos temas, o que possibilitará que o conteúdo passe a fazer mais sentido para ele.

O psicopedagogo é o profissional indicado no atendimento da disortografia, que é feito em parceria com a escola onde o educando estuda.

3.3 Discalculia

Observamos que muitos alunos apresentam dificuldades com tarefas de matemática, o que é até comum; porém, é necessário ficar atento quando essa dificuldade se torna frequente, evidenciando problemas significativos com números e o raciocínio em operações aritméticas, situação em que o educando pode ter baixa pontuação nos testes de matemática e se sair bem em outras disciplinas. Esses dados podem ser um indicativo de discalculia, que consiste em um transtorno de aprendizagem que acarreta impedimento para realizar cálculos simples, como somar ou subtrair valores. Trata-se de um distúrbio de aprendizagem comum que afeta a habilidade para realizar as atividades de aritmética.

3.3.1 Definições e características

Discalculia, palavra que provém do grego (*dis* = mal) e do latim (*calculare* = contar), significa "contar mal". Esse distúrbio interfere negativamente nas habilidades matemáticas. Refere-se a uma desordem neurofuncional que afeta a capacidade de compreender e manipular números (Cardoso Filho, 2020).

A discalculia consiste na incapacidade em raciocinar aritmeticamente e, nesse caso, o cálculo e o raciocínio matemáticos são substancialmente inferiores à média esperada para a idade cronológica, a capacidade intelectual e o nível de escolaridade do indivíduo.

Figura 3.3 – Exemplos de dificuldades de alunos com discalculia

$$\begin{array}{r} 5 \\ -3 \\ \hline 8 \end{array}$$

4 - 1 = 5

Elvani de Lucia

Gênero: masculino; idade: 10 anos.

As dificuldades da capacidade matemática apresentadas pelo educando trazem prejuízos significativos em tarefas da vida diária que exigem tal habilidade. Pode haver a geração de muitos tipos de desordens, como a deficiência na identificação dos símbolos visuais, no cálculo e na concepção de ideias e aspectos verbais e não verbais.

É importante esclarecer que, para que um educando realize uma atividade aritmética, inicialmente precisa ter desenvolvido as estruturas cognitivas que servirão de base para a compreensão dos exercícios aritméticos propriamente ditos. Raciocinar aritmeticamente requer a formação do pensamento lógico-matemático, forma de raciocínio que se vai construindo a partir no nascimento. Piaget (1970) estabelece três tipos distintos de conhecimento: o conhecimento **físico**, o conhecimento **lógico-matemático** e o conhecimento **social** (convencional), segundo a maneira de estruturar o pensamento.

> O conhecimento **lógico-matemático** consiste na coordenação de relações. Por exemplo ao coordenar as relações de *igual*, *diferente* e *mais*, a criança se torna apta a deduzir que há mais contas no mundo que contas vermelhas e que há mais animais do que vacas. Da mesma forma é coordenando a relação entre "dois" e "dois" que ela deduz que 2 + 2 = 4, e que 2 × 2 = 4.
> (Kamii, 2008, p. 15, grifo nosso)

Para um sujeito, dois objetos podem ser semelhantes em razão, por exemplo, de seus pesos, assim como, para outro indivíduo, esses mesmos objetos podem ser diferentes em virtude de suas cores. Portanto, o pensamento lógico-matemático pressupõe uma formação de conceitos retirados das propriedades dos seres do mundo físico, como tamanho, cor, forma e espessura. As estruturas de conhecimento provêm das ações do sujeito, e o desenvolvimento ocorre por reestruturações em níveis cada vez mais complexos. O sujeito, assimilando o real, constrói suas estruturas lógicas de conhecimento e vai formando, assim, a base para o conhecimento lógico-matemático (Machado, 2006).

Carraher (2002) aponta que, no desenvolvimento da criança, termos quantitativos, como *mais, menos, maior* e *menor*, são adquiridos gradativamente e, de início, são utilizados apenas no sentido absoluto de "o que tem mais", "o que é maior", e não no sentido relativo de "ter mais que" ou "ser maior que". A compreensão dessas expressões como indicativo de uma relação ou uma comparação entre duas coisas parece depender da aquisição da capacidade de usar a lógica, que é adquirida no estágio das operações concretas. "O problema passa então a ser algo sem sentido e a solução, ao invés de ser procurada através do uso da lógica, torna-se uma questão de adivinhação" (Carraher, 2002, p. 72).

A construção do pensamento e das estruturas lógico-matemáticas permite a compreensão dos números e de suas relações, ou seja, a matemática propriamente dita. Quando mencionamos a matemática, referimo-nos ao trabalho com números, símbolos, figuras geométricas, quantidades e construções abstratas, uma vez que as abstrações e os raciocínios lógicos podem aplicar-se a modelos que permitem desenvolver cálculos, contas e medições com relações físicas.

Esse tipo de conhecimento inclui, ainda, a construção da relação entre numeral e quantidade, sucessor e antecessor, pesos, medidas etc., sempre envolvendo os números. Esses conhecimentos antecedem a realização e a elaboração das atividades de aritmética, que consiste no ramo da matemática que estuda as operações numéricas, isto é, os cálculos de adição, subtração, divisão, multiplicação etc. Trata-se, assim, do campo especializado em resolver problemas e equações, fazendo-se uso dos números; logo, incide na operacionalização das situações-problema que as compõem.

Tendo em vista esses conceitos, podemos inferir que a discalculia pode revelar-se nas desordens ocorridas no desenvolvimento do pensamento lógico-matemático, na compreensão e na construção numérica, afetando substancialmente a realização dos cálculos. Riechi (1996, citado por Paraná, 2013a, p. 49) elenca algumas características encontradas nos educandos com discalculia:

- dificuldade no pensamento operatório: deficiência de estruturas mentais;
- dificuldades espaço-temporais;
- dificuldades de figura/fundo;
- dificuldades linguísticas: dificuldade de captação da estrutura do problema pela dificuldade de compreensão da leitura do enunciado;
- estranhas associações "absurdas" ou "raras" devido à falta de atenção ou desinibição perceptiva;

- dificuldade por sobrecarga diante de operações excessivamente extensas, nas quais começam a aparecer falhas na evocação das regras de matemática, como a tabuada;
- dificuldade mnêmicas: dificuldade de memorizar as regras matemáticas.

Moraes (2017, p. 46) também identifica algumas características que diferenciam a discalculia de outros transtornos da aprendizagem:

> Lentidão da velocidade de trabalho, pois não tem os mecanismos necessários, por exemplo tabuada decorada; Problemas a nível de orientação espacial, ou seja, não sabe posicionar os números de uma operação na folha de papel, gasta muito espaço ou faz contas num canto da folha; Dificuldades em lidar com operações como soma, subtração, multiplicação, divisão; Dificuldades de memória de curto prazo, por exemplo tabuadas ou fórmulas; Apresenta dificuldades em armazenar e buscar o que foi ensinado e aprendido; Dificuldade em lidar com grande quantidade de informação de uma só vez; Apresenta confusão a nível de símbolos (= + − : . < >); Dificuldade em entender palavras usadas na descrição de operações matemáticas como "diferença", "soma", "total"," conjunto", "casa", "raiz quadrada"; Tendência a passar mal [contar com dificuldade] os números e sinais devido a problemas de sequenciação.

Diante disso, podemos afirmar que o educando com discalculia não consegue conceber um conjunto de itens dentro de um contexto ainda maior. Também não é capaz de fazer conversões de valores para outras medidas, como compreender que

1 quilo é o mesmo que quatro pacotes de 250 gramas. Entender que os números estão em uma sequência (e os conceitos de antecessor e sucessor); os sinais de cada uma das operações matemáticas; o passo a passo para realizar um cálculo; relacionar a quantidade de carteiras em sala de aula ao número de alunos em sua turma: tudo é uma grande dificuldade para esse educando (Johnson; Myklebust, 1983).

Segundo Bastos (2006), o transtorno na área da matemática não gera dificuldades apenas nos cálculos em si, mas em outras áreas, como nas **habilidades linguísticas e perceptuais**, que consistem na leitura e identificação dos signos matemáticos e na reunião de seres comuns em um mesmo conjunto; nas **habilidades de atenção**, que se baseiam em lembrar-se das etapas de cada uma das operações e de grafar os sinais correspondentes, bem como copiar as contas de forma adequada; e nas **habilidades matemáticas**, que se fundamentam em seguir os passos corretos dos cálculos, em contabilizar os seres, em conhecer esquemas como a tabuada.

Vieira (2004, citado por Bernardi; Stobäus, 2011, p. 52) elucida o transtorno de aprendizagem ligado à matemática ao listar uma série de características que os alunos geralmente apresentam nessa situação:

- Dificuldades na identificação de números: o aluno pode trocar os algarismos 6 e 9, 2 e 5, dizer dois quando o algarismo é quatro.
- Incapacidade para estabelecer uma correspondência recíproca: dizer o número a uma velocidade e expressar, oralmente, em outra.

- Escassa habilidade para contar compreensivamente: decorar rotina dos números, ter déficit de memória, nomear de forma incorreta os números relativos ao último dia da semana, estações do ano, férias.
- Dificuldade na compreensão dos conjuntos: compreender de maneira errada o significado de um grupo de coleção de objetos.
- Dificuldades na conservação: não conseguir identificar que os valores 6 e 4 + 2 ou 5 + 1 se correspondem; para eles somente significam mais objetos.
- Dificuldades no cálculo: o déficit de memória dificulta essa aprendizagem. Confusão na direcionalidade ou apresentação das operações a realizar.
- Dificuldade na compreensão do conceito de medida: não conseguir fazer estimações acertadas sobre algo quando necessitar dispor das medidas em unidades precisas.
- Dificuldade para aprender a dizer as horas: aprender as horas requer a compreensão dos minutos e segundos e o aluno com discalculia quase sempre apresenta problemas.
- Dificuldade na compreensão do valor das moedas: dificuldade na aquisição da conservação da quantidade, relacionada a moedas, por exemplo: 1 moeda de 15 = 5 moedas de 5.
- Dificuldade na compreensão da linguagem matemática e dos símbolos: adição (+), subtração (-), multiplicação (×) e divisão (:).
- Dificuldade em resolver problemas orais: o déficit de decodificação e compreensão do processo leitor impedirá a interpretação correta dos problemas orais.

A discalculia é um problema de aprendizagem que pode ou não estar associado a outros transtornos, ou seja, é independente, e sua existência não precisa estar, necessariamente, atrelada à presença de outras questões de um educando com relação ao seu desenvolvimento.

3.3.2 Avaliação e diagnóstico

Para elaborar um diagnóstico de discalculia, é necessário conhecer as características desse transtorno e entender quais são os sintomas que o educando vem apresentando no decorrer do processo de aprendizagem. Os sinais devem ocorrer com frequência e de maneira regular, levando-se em conta a idade do aluno e o tempo de escolarização.

Antes de atribuir a dificuldade de matemática à discalculia, alguns fatores devem ser descartados:

- imaturidade para aprendizagem;
- problemas emocionais;
- incapacidade geral para aprender;
- método inadequado de alfabetização;
- déficit intelectual;
- disfunções ou deficiências sensoriais (auditivas e visuais);
- lesões cerebrais (congênitas e adquiridas);
- desordens afetivas anteriores ao processo de fracasso escolar.

O diagnóstico pode ser interpretado como um período voltado ao estudo aprofundado da vida escolar do aluno em questão, para identificar quais são suas facilidades e, principalmente, suas dificuldades. Assim, será criado um terreno propício para o levantamento de hipóteses que o psicopedagogo pode confirmar ou descartar no processo de intervenção do educando.

A discalculia, no **CID 10**, faz parte do grupo dos transtornos específicos do desenvolvimento das habilidades escolares (F81).

> F81.2 Transtorno específico da habilidade em aritmética
>
> Transtorno que implica uma alteração específica da habilidade em aritmética, não atribuível exclusivamente a um retardo mental global ou à escolarização inadequada.
>
> O déficit concerne ao domínio de habilidades computacionais básicas de adição, subtração, multiplicação e divisão mais do que as habilidades matemáticas abstratas envolvidas na álgebra, trigonometria, geometria ou cálculo. (OMS, 1993, p. 366)

Assim como os transtornos apresentados anteriormente, a discalculia não se relaciona, necessariamente, a algum distúrbio ou doença mental, podendo ser somente uma dificuldade de aprendizagem.

Seguindo o **DSM-5**, a discalculia faz parte do grupo dos transtornos do desenvolvimento (APA, 2014). O DSM-5 classifica a trajetória de aprendizado fortemente discrepante, inferior em relação à média, do seguinte modo:

> 5. Dificuldades para dominar o senso numérico, fatos numéricos ou cálculo (p. ex., entende números, sua magnitude e relações de forma insatisfatória; conta com os dedos para adicionar números de um dígito em vez de lembrar o fato aritmético, como fazem os colegas; perde-se no meio de cálculos aritméticos e pode trocar as operações).

6. Dificuldades no raciocínio (p. ex., tem grave dificuldade em aplicar conceitos, fatos ou operações matemáticas para solucionar problemas quantitativos).

[...]

315.1 (F81.2) Com prejuízo na matemática:
- Senso numérico
- Memorização de fatos aritméticos
- Precisão ou fluência de cálculo
- Precisão no raciocínio matemático

Nota: *Discalculia* é um termo alternativo usado em referência a um padrão de dificuldades caracterizado por problemas no processamento de informações numéricas, aprendizagem de fatos aritméticos e realização de cálculos precisos ou fluentes. Se o termo discalculia for usado para especificar esse padrão particular de dificuldades matemáticas, é importante também especificar quaisquer dificuldades adicionais que estejam presentes, tais como dificuldades no raciocínio matemático ou na precisão na leitura de palavras. (APA, 2014, p. 66-67, grifos do original)

Essa nota consiste em um esclarecimento que deve anteceder o diagnóstico de discalculia, sendo necessário levar em conta todas as dificuldades adicionais que podem surgir concomitantemente às dificuldades relacionadas à matemática.

3.3.3 Atendimento e orientações

O psicopedagogo é o profissional indicado no tratamento da discalculia, assim como dos outros transtornos de aprendizagem anteriormente abordados. O trabalho com o aluno que apresenta esse transtorno deve ser realizado em parceria com a família e a escola em que ele estuda.

Depois de ser diagnosticado, são imprescindíveis adequações pedagógicas para atendê-lo de forma diferenciada, as quais devem ser realizadas com vistas a suprir de maneira satisfatória suas necessidades. Esses ajustes são legalmente garantidos, portanto, um direito do educando. Contudo, para que se concretizem, deve-se partir do diagnóstico formal do quadro.

Quanto às atividades a serem desenvolvidas **em sala de aula**, sugerimos a introdução das noções matemáticas com objetos concretos, dando-se ênfase a uma linguagem lógica e relacionando tais conceitos a expressões quantitativas cotidianas. É preciso evitar, além disso, a sobrecarga da memória de trabalho do aluno, propondo-se apenas tarefas que estejam em conformidade com as habilidades dominadas. Para certificar-se de que o aluno entende a orientação, é possível designar um tutor para acompanhá-lo individualmente na escola e, em determinados momentos, fora dela (o tutor pode ser indicado pela escola e servirá como um "tradutor" das necessidades, tendo também a função de amenizar a ansiedade com o aprendizado da matemática).

Se houver dúvidas sobre a retenção do conteúdo pelo educando, é possível pedir a ele que explique o tema para o professor de forma individual e que faça revisões periódicas sobre a matéria, mesmo que ele a tenha fixado bem. A prática supervisionada de exercícios evita que os alunos tenham aprendizados equivocados.

É essencial reduzir a interferência entre conceitos ou aplicações de regras, separando-se as oportunidades de prática de cada um até que a discriminação entre eles seja aprendida e possam ser estabelecidas relações entre conceitos passados e futuros, a fim de que novos conteúdos ganhem sentido.

Deve-se auxiliar o educando a visualizar os problemas, sugerindo que ele se expresse por meio de desenhos e imagens. Quando a atividade for realizada em sala, é preciso propiciar algum tempo extra para que os alunos processem as informações visuais presentes em uma imagem, uma tabela ou um gráfico. Além das práticas mencionadas, pode-se permitir que o aluno acompanhe seu progresso e que avalie quais fatos ele domina e quais conteúdos ainda precisam ser aprendidos.

Nesse sentido, o aluno pode fazer a **avaliação** em sala de aula com seus colegas, mas também sugerimos que se dê a oportunidade de ele fazer outra prova somente com seu tutor, com o conteúdo adaptado às suas necessidades. Outra sugestão que pode ajudar nesse quadro é oferecer mais tempo do que o dado ao restante da sala para ele realizar a avaliação, checando-se sempre os sinais de pânico ou fobia. Para alunos com discalculia, a matemática pode ser muito traumática em razão de fracassos passados.

Pode ser interessante, ainda, permitir, durante a avaliação, a consulta livre a materiais e conceitos que possam sobrecarregar a memória de trabalho. Ademais, uma boa proposta é incentivar o aluno a ensinar crianças de séries anteriores que apresentem dificuldades em matemática, dando-lhe uma chance de relembrar e comunicar os conceitos aprendidos e melhorar sua autoestima.

Assim, é de extrema importância que o educador priorize o esforço por meio de uma nota sobre o desempenho em um critério de passa-falha, de forma a evitar que suas avaliações sejam injustas diante da dificuldade de aprendizagem de determinados educandos.

Síntese

Neste capítulo, abordamos três distúrbios de aprendizagem ainda pouco conhecidos e que, em virtude de suas características, apresentam correlações: a disgrafia, a disortografia e a discalculia. Destacamos seus efeitos na aprendizagem e suas peculiaridades, apontando a diferença entre eles. Também especificamos os critérios para o diagnóstico dessas dificuldades de aprendizagem com base no CID 10 e no DSM-5, bem como as respectivas formas de intervenção.

Por fim, contemplamos uma série de sugestões que podem ser aplicadas na prática da sala de aula quando há a suspeita ou o diagnóstico confirmado desses quadros. Muitas dessas práticas, aliás, podem ser realizadas em turmas que não contam com alunos que apresentam essas dificuldades de aprendizagem, uma vez que configuram atividades benéficas a uma vida escolar saudável.

Indicações culturais

Filmes

AS CORES das flores. Direção: Miguel Bemfica. Espanha: Films Bosalay, 2010. 4 min.
> O curta retrata a dificuldade de um menino cego que precisa fazer uma redação sobre as cores das flores. A narrativa possibilita a reflexão sobre algumas questões que podem ser muito simples para uns, mas um grande obstáculo para outros.

APRENDER a aprender. Direção: Josh Burton. EUA: Savannah College of Art and Design, 2005. 8 min.
O filme trata do processo de aprendizagem desenvolvido por meio da mediação, mostrando a eficácia desse recurso na apreensão do conhecimento.

SEMPRE AMIGOS. Direção: Peter Chelsom. EUA: Miramax Films/Scholastic Productions, 1998. 108 min.
Um garoto de 14 anos, depois de vivenciar um momento traumático, passa a apresentar problemas de aprendizagem em sua vida escolar. Ao conhecer um menino que tem uma doença que o impede de se locomover, os dois logo formam uma grande amizade, a qual se torna alvo de muito preconceito das pessoas ao redor deles.

Atividades de autoavaliação

1. A professora Andrea, do 2º ano de uma escola pública, realizou o encaminhamento de seu aluno Jonas para avaliação psicopedagógica. Segundo ela, o desempenho acadêmico desse aluno acontece de maneira diferente em relação aos colegas. No relatório encaminhado para a equipe de avaliação, a professora relatou que Jonas, nas atividades, apresenta traçado de má qualidade, tamanho grande, pressão forte e sua letra é irregular, com distorção da forma e direção da escrita, oscilando para cima ou para baixo. O aluno Jonas apresenta características compatíveis com:
   a) discalculia.
   b) disgrafia.
   c) deficiência intelectual.

d) dislexia.
e) disortografia.

2. A disgrafia é considerada, segundo o DSM-5, um transtorno da expressão da escrita. Assinale a alternativa que **não** se refere a esse transtorno:
   a) A disgrafia é também chamada de *letra feia*. Isso acontece em razão de uma incapacidade de recordar a grafia da letra.
   b) O disgráfico apresenta deficiência intelectual associada.
   c) O disgráfico apresenta letra ilegível e escrita desorganizada.
   d) O disgráfico apresenta desorganização das letras: letras retocadas, hastes mal feitas, atrofiadas, omissão de letras, palavras e números, formas distorcidas, movimentos contrários à escrita.
   e) A disgrafia pode vir associada à dislexia.

3. A discalculia é uma desordem neurológica funcional específica que se caracteriza pela:
   a) má pronúncia das palavras.
   b) dificuldade de compreender e manipular números.
   c) falta de vontade de escrever.
   d) dificuldade na área da leitura, da escrita e da soletração.
   e) dificuldade em identificar o que é uma calculadora.

4. Com relação aos diferentes tipos de distúrbios de aprendizagem identificados no contexto escolar, analise as assertivas a seguir e relacione-as ao respectivo transtorno de aprendizagem.

I) Falha no processamento da habilidade da leitura, que interfere na escrita.
II) Falha na aquisição da escrita, implicando uma inabilidade ou diminuição no desenvolvimento da escrita.
III) Falha na aquisição da capacidade e na habilidade de lidar com conceitos e símbolos matemáticos.
( ) Discalculia
( ) Disgrafia
( ) Dislexia

Agora, assinale a alternativa que apresenta a ordem correta:

a) I, II e III.
b) III, I e II.
c) III, II e I.
d) II, III e I.
e) I, III e II.

5. A _____ é a dificuldade na leitura, que se caracteriza pelas trocas e omissões de letras, pela confusão na concordância de gênero e de número, pelos erros sintáticos grosseiros e pelo uso incorreto da pontuação. Em suma, é o uso incorreto do símbolo gráfico para representar a linguagem falada. Assinale a alternativa que completa corretamente a definição:
a) discalculia.
b) disortografia.
c) disgrafia.
d) dislexia.
e) deficiência intelectual.

Atividades de aprendizagem

Questões para reflexão

1. Quais são as diferenças entre a disgrafia e a discalculia com relação às definições e às intervenções mais adequadas?

2. Em sua opinião, quais são as maiores dificuldades relativas ao atendimento escolar de alunos com diagnóstico de disgrafia, de disortografia e de discalculia?

Atividade aplicada: prática

1. Leia com atenção os três casos a seguir e formule as hipóteses diagnósticas para cada situação. Estabeleça um plano de trabalho, sugerindo encaminhamentos, atendimentos, avaliação e atividades a serem realizadas pelo professor.

Caso I:

Fabiana, professora do 4º ano de uma escola pública, realizou o encaminhamento de seu aluno Carlos para avaliação psicopedagógica, uma vez que não estava sabendo como lidar com ele. Segundo a professora, o desempenho acadêmico desse aluno acontece de maneira diferente em relação aos colegas. No relatório encaminhado para a equipe de avaliação, Fabiana relatou que Carlos apresenta dificuldade na realização de operações aritméticas, de cálculos e de raciocínio matemático. Registrou, também, que o rendimento do aluno está substancialmente inferior à média esperada para a idade cronológica, a capacidade intelectual e o nível de escolaridade.

Caso II:

A professora Cecília, do 3º ano de uma escola pública, realizou o encaminhamento de seu aluno Reginaldo para avaliação psicopedagógica. De acordo com ela, o menino apresenta um atraso acadêmico em relação a seus colegas de classe. No relatório encaminhado para a equipe de avaliação, Cecília relatou que Reginaldo realiza troca de letras similares sonoramente: *faca/vaca, chinelo/jinelo, porta/borta*. Além das letras, o aluno confunde-se com as sílabas e troca palavras que foram bem trabalhadas em sala de aula.

Caso III:

Dona Clara, mãe de Paulo Augusto, procurou o serviço de psicopedagogia de seu município por solicitação da escola. Relatou para a psicopedagoga que a professora de seu filho lhe informou que está muito preocupada com o garoto, pois, desde que iniciou o processo de escrita, vem apresentando traçado de má qualidade, distorção de letras, espaço irregular entre as palavras e linhas. Em um primeiro momento, a professora não deu muita importância porque ele estava iniciando o processo de alfabetização, mas, agora, no 4º ano, sua letra continua ilegível, o que dificulta a leitura e a compreensão de suas produções gráficas.

Capítulo 4
Transtorno do déficit de atenção com hiperatividade (TDAH)

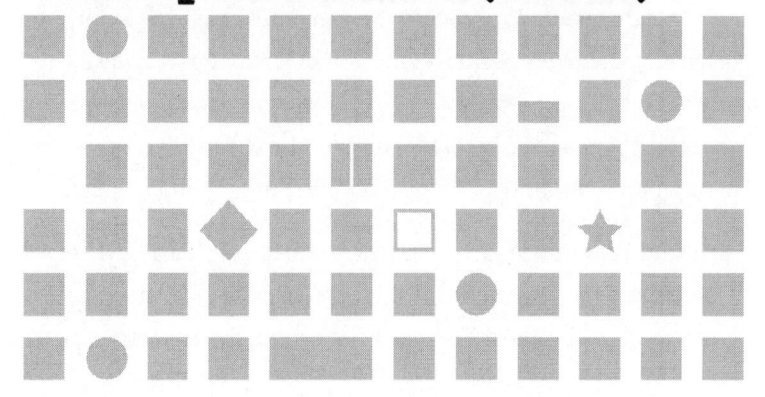

O transtorno do déficit de atenção com hiperatividade (TDAH), diferentemente das dificuldades de aprendizagem apresentadas no Capítulo 3, é mais conhecido tanto dentro quanto fora do ambiente escolar. No entanto, o que se propaga sobre esse distúrbio nem sempre é necessariamente verdade. Neste capítulo, vamos refletir sobre o tema com base em conceitos científicos e ilustrações de momentos práticos observados em ambiente escolar.

4.1 Definições e características

Ao contrário do que muitos costumam pensar, o indivíduo com TDAH não é "bagunceiro". Esse distúrbio não pode ser evitado, uma vez que não é social, mas orgânico. De acordo com a Associação Brasileira do Déficit de Atenção (ABDA), o TDAH "é um transtorno neurobiológico, de causas genéticas, que aparece na infância e frequentemente acompanha o indivíduo por toda a sua vida" (ABDA, 2020).

Para Jafferian e Barone (2017, p. 2),

> o TDAH é o resultado de vários "mecanismos causais" e assim a hereditariedade e os fatores neurobiológicos têm sido destacados em muitas pesquisas e as evidências mais promissoras apontam para a influência hereditária que pode alterar o funcionamento cerebral, isto é, o funcionamento neuroquímico.

Embora os comportamentos característicos do TDAH estejam associados a disfunções neurológicas, não há uma explicação única e simples para a origem desse transtorno. Entretanto, há estudos que indicam que há, sim, uma predisposição biológica para o TDAH.

Segundo Asherson (2013, p. 5),

> a principal hipótese é de que o transtorno é determinado por fatores genéticos. Muitos estudos realizados com gêmeos mostram sua alta hereditariedade, indicando a predominância de influências genéticas na etiologia do transtorno. Embora esses estudos não excluam a importância dos fatores ambientais, eles sugerem que, na maioria dos casos, eles interagem com fatores genéticos. Como também a incidência de pais que apresentam características diagnósticas deste transtorno confirma a hipótese da hereditariedade.

Além da genética, alguns estudos de Asherson (2013) também indicam que a disfunção neurobiológica pode ser consequência de fatores ligados à gravidez (como uso de álcool, cigarro e outras drogas) ou complicações durante ou após o parto. Produtos tóxicos, como o chumbo, também podem estar associados ao desenvolvimento do transtorno. Fatores familiares, sociais e culturais são elementos importantes na evolução do transtorno ao longo da vida, podendo agravar ou atenuar os efeitos dos sintomas (Benczik, 2000).

Segundo Caliman (2008, citado por Couto et al., 2010, p. 244), "atualmente não existe dúvida de que a importância da constatação diagnóstica do transtorno chamado TDAH refere-se não apenas à demonstração de que este distúrbio causa danos ao sujeito, mas que ele, o transtorno, é 'causado' por um conjunto de aspectos biológicos, genéticos e cerebrais".

As características do TDAH manifestam-se a partir dos sintomas de desatenção, inquietude e impulsividade, abrangendo uma extensa associação de sintomas, entre os quais estão aqueles de ordem comportamental, intelectual, social e emocional, que vão interferir na vida escolar, familiar e social do sujeito. Assim, é imprescindível fazer o diagnóstico clínico para que possa ser dado início ao tratamento e às intervenções adequadas e compatíveis com o quadro (APA, 2014).

Para Rohde et al. (2000, p. 8),

> Os sintomas de desatenção e/ou hiperatividade/impulsividade precisam ocorrer em vários ambientes da vida da criança (por exemplo, escola e casa) e manterem-se constantes ao longo do período avaliado. Sintomas que ocorrem apenas em casa ou somente na escola devem alertar o clínico para a possibilidade de que a desatenção, a hiperatividade ou a impulsividade possam ser apenas sintomas de uma situação familiar caótica ou de um sistema de ensino inadequado. [...] Sintomas de hiperatividade ou de impulsividade sem prejuízo na vida da criança podem traduzir muito mais estilos de funcionamento ou de temperamento do que um transtorno psiquiátrico.

Os sinais da falta de atenção na sala de aula comprometem a cópia de um dever de casa ou a acentuação correta das palavras (Bonadio; Mori, 2013). Na matemática, por exemplo, o aluno troca as operações, e isso não acontece porque ele não sabe fazer, mas por desatenção.

É bastante habitual que esses alunos percam seus materiais escolares e seus pertences ou que, frequentemente, os deixem desarrumados. Comumente, percebe-se a falta de asseio em seus cadernos, livros e apostilas, que, em geral, têm orelhas, marcas de corretivos e borrachas, desenhos, páginas puladas e os mais diversos sinais de uso (Bonadio; Mori, 2013).

Nas atividades acadêmicas, são visíveis os erros por distração (erram sinais, vírgulas, acentos etc.). No entanto, quando se dedicam a fazer algo estimulante ou de seu interesse, essas crianças conseguem ficar mais tranquilas, como nas atividades com videogame, computador, televisão e celular, que são interessantes e prendem a atenção da criança ou do adolescente. Contudo, elas não conseguem manter o mesmo foco e atenção quando estão em sala de aula, na hora de fazer a tarefa ou ao ler um livro (Benczik, 2000). Isso ocorre porque os centros de prazer no cérebro são ativados e conseguem dar um reforço no centro da atenção que é ligado a ele, passando a funcionar em níveis normais (ABDA, 2020).

Segundo Miranda (2008, p. 62), as crianças com TDAH são, normalmente, tidas como

> "avoadas", "vivendo no mundo da lua" e, geralmente, "estabanadas" e com "bicho carpinteiro" ou "ligadas por um motor". Apresentam dificuldades para manter a atenção em atividades muito longas, repetitivas ou que não lhes sejam interessantes. São facilmente distraídas por estímulos do ambiente externo, mas, também, distraem-se com pensamentos "internos", isto é, vivem "voando".

Conforme Poeta e Rosa Neto (2004), os sintomas iniciam-se antes dos 7 anos de idade, sendo possível obter um diagnóstico assim que os sinais surgem em diferentes situações, como nos contextos familiar, escolar e social. Podem ocorrer casos em que esse transtorno só é reconhecido quando a criança ingressa na escola, pois é o período em que as dificuldades de atenção e a inquietação são percebidas com mais frequência pelos educadores em relação a outras crianças da mesma classe.

É importante esclarecer que uma criança agitada, desatenta e impulsiva não tem, necessariamente, TDAH. Existem casos em que alguns educandos foram diagnosticados erroneamente com TDAH, mas, na verdade, tinham altas habilidades/superdotação (AH/SD) e até chegaram a fazer uso de medicamentos. Nessas situações, o que se levou em conta para o diagnóstico foram apenas os sintomas de inquietação e impulsividade. Assim, o sintoma de desatenção não foi considerado, visto que uma das características da criança com AH/SD é sua excelente capacidade de atenção e concentração.

Nesse sentido, para se chegar a um diagnóstico, é necessário seguir rigorosamente os critérios de investigação e confirmação desse transtorno. Muitos dos sintomas são facilmente percebidos na rotina da criança, como agitação elevada, falta de concentração para as tarefas escolares e inabilidade para sentar-se à mesa durante as refeições. Entretanto, para se levantar uma hipótese diagnóstica de TDAH, devem-se observar a intensidade e a frequência com que esses sintomas se manifestam e não se deve avaliá-los de forma isolada.

Costa (2016, grifo do original) elenca três características apresentadas pelo alunos com TDAH, definidas como principais

> A **desatenção** manifesta-se como divagação em tarefas, falta de persistência, dificuldade de manter o foco e desorganização. A criança é comumente incapaz de manter uma atenção contínua e prolongada em diversas atividades cotidianas

(jogos, tarefas escolares, refeições etc.), não se esforça como outras crianças e desiste fácil diante de um obstáculo ou fracasso. Isso acontece até mesmo quando a criança tem prazer no que faz, portanto, não pode ser justificado pelo fato dela estar cansada, desinteressada ou recusando a obedecer. Às vezes não conseguem reproduzir um enunciado simples, dando a impressão de não entender o que lhe dizem

A **hiperatividade** refere-se à atividade motora excessiva (como uma criança que corre por tudo sem objetivo aparente) quando não é apropriado ou remexer, batucar ou conversar em excesso. As crianças têm clara dificuldade de permanecer quietas ou de ficar tranquilas quando as circunstâncias exigem. Nos adultos, a hiperatividade pode se manifestar como inquietude extrema ou esgotamento dos outros com sua atividade.

A **impulsividade** refere-se a ações precipitadas que ocorrem no momento sem premeditação e com elevado potencial para dano à pessoa (p. ex., atravessar uma rua sem olhar). A impulsividade pode ser reflexo de um desejo de recompensas imediatas ou de incapacidade de postergar a gratificação.

O tratamento do TDAH requer, muitas vezes, uma intervenção medicamentosa, por isso a importância de se fazer uma avaliação rigorosa e detalhada, a fim de não causar prejuízo para a criança em razão de um diagnóstico superficial e inconsistente.

4.2 Avaliação e diagnóstico

Para a realização do diagnóstico do TDAH, devem-se considerar a história de vida do paciente, o âmbito familiar e os contextos social e escolar, como propõem Goldstein e Goldstein (2004) e Cypel (2003). Assim, é imprescindível uma detalhada investigação clínica da história do paciente, acompanhada de instrumentos formais e informais, escalas de desenvolvimento e de comportamento, testes psicológicos, investigação neurológica, entrevistas e observações no contexto escolar.

Segundo Stroh (2010, p. 93), "o diagnóstico do TDAH é clínico, devendo ser feito por médicos especialistas, com ou sem auxílio de uma equipe interdisciplinar que pode ser composta por: neurologista, neuropsicólogo, psicólogo, psicopedagogo e/ou fonoaudiólogo".

A avaliação multiprofissional permite que os profissionais tenham uma visão ampla do paciente, não se restringindo apenas aos sintomas superficiais, o que pode levar a uma interpretação enganosa do quadro e, consequentemente, a um diagnóstico equivocado.

O objetivo de uma avaliação ampla envolve não só a confirmação do diagnóstico do TDAH, mas também a investigação das condições acadêmicas, psicológicas, familiares e sociais para se elaborarem medidas de intervenção que atendam às necessidades do quadro (Calegaro, 2002, citado por Graeff; Vaz, 2008).

Vejamos alguns passos diagnósticos, conforme Stroh (2010, p. 91-92):

- Entrevistas com os pais (levantamento das queixas e sintomas e relato sobre o comportamento da criança em casa e em atividades sociais);
- Entrevistas com os pais (levantamento das queixas e sintomas e relato sobre o comportamento da criança em casa e em atividades sociais);
- Questionários e escalas de sintomas para serem preenchidos por pais e professores;
- Avaliação/observação da criança no consultório;
- Avaliação neuropsicológica;
- Avaliação psicopedagógica;
- Avaliação fonoaudiológica.

A importância do diagnóstico da criança com indicativos de TDAH está vinculada aos comportamentos que ela vem apresentando, os quais interferem no desempenho escolar, pessoal e, futuramente, profissional. A partir do diagnóstico, definem-se as medidas de intervenção psicológica e, se necessário, um possível tratamento medicamentoso. O uso de fármacos deve ser prescrito por um neurologista e/ou psiquiatra, que avaliará o mais adequado e monitorará continuamente os resultados e as respostas. Pode haver situações em que esse uso é dispensável.

Os critérios clínicos utilizados para a realização do diagnóstico encontram-se nos manuais do CID 10 (OMS, 1993) e do DSM-5 (APA, 2014), que são usados no Brasil por médicos e psicólogos na emissão de diagnósticos clínicos do TDAH.

4.2.1 Manual Diagnóstico e Estatístico de Transtornos Mentais (DSM-5)

No DSM-5, o TDAH é classificado entre os transtornos do neurodesenvolvimento: "Os transtornos tipicamente se manifestam cedo no desenvolvimento, em geral antes de a criança ingressar na escola, sendo caracterizados por déficits no desenvolvimento que acarretam prejuízo no funcionamento pessoal, social, acadêmico ou profissional" (APA, 2014, p. 31).

Essas crianças e adolescentes apresentam comportamento difícil, intenso e, muitas vezes, agressivo, principalmente em relação aos adultos. A postura desafiadora não se mostra de forma consciente: eles, na verdade, não conseguem evitá-la. "Os sintomas não são apenas uma manifestação de comportamento opositor, desafio, hostilidade ou dificuldade para compreender tarefas ou instruções. Para adolescentes mais velhos e adultos (17 anos ou mais), pelo menos cinco sintomas são necessários" (APA, 2014, p. 59).

Há uma série de critérios que precisam ser considerados ao se estabelecer um reconhecimento para um laudo de TDAH, o que é de extrema importância, uma vez que o diagnóstico equivocado é muito disseminado. Além disso, é comum que, mesmo sem um parecer definitivo, haja uma profusão de práticas voltadas ao aluno com TDAH em sala de aula.

Assim, é necessário fazer uma intervenção muito bem fundamentada e cautelosa, no intuito de evitar erros que tenham impactos negativos na vida dos educandos. Há dois sintomas que o DSM-5 considera como base para o diagnóstico de TDAH: a **desatenção** e a **hiperatividade-impulsividade**.

A análise é proposta por meio de critérios que sugerem: considerar a faixa etária em que determinado sinal aparece; em que situação da vida ocorre (se em contexto familiar, escolar etc.); se aparece em conjunto com outros transtornos etc. O critério A determina a frequência dos sintomas de base: trata-se de "Um padrão persistente de desatenção e/ou hiperatividade-impulsividade que interfere no funcionamento ou desenvolvimento. Conforme caracterizado por (1) e/ou (2)" (APA, 2014, p. 59). Vejamos:

1. **Desatenção:** Seis (ou mais) dos seguintes sintomas persistem por pelo menos seis meses em um grau que é inconsistente com o nível do desenvolvimento e têm impacto negativo diretamente nas atividades sociais e acadêmicas/profissionais:
[...]
a. Frequentemente não presta atenção em detalhes ou comete erros por descuido em tarefas escolares, no trabalho ou durante outras atividades (p. ex., negligência ou deixa passar detalhes, o trabalho é impreciso).
b. Frequentemente tem dificuldade de manter a atenção em tarefas ou atividades lúdicas (p. ex., dificuldade de manter o foco durante aulas, conversas ou leituras prolongadas).
c. Frequentemente parece não escutar quando alguém lhe dirige a palavra diretamente (p. ex., parece estar com a cabeça longe, mesmo na ausência de qualquer distração óbvia).
d. Frequentemente não segue instruções até o fim e não consegue terminar trabalhos escolares, tarefas ou deveres no local de trabalho (p. ex., começa as tarefas, mas rapidamente perde o foco e facilmente perde o rumo).

e. Frequentemente tem dificuldade para organizar tarefas e atividades (p. ex., dificuldade em gerenciar tarefas sequenciais; dificuldade em manter materiais e objetos pessoais em ordem; trabalho desorganizado e desleixado; mau gerenciamento do tempo; dificuldade em cumprir prazos).

f. Frequentemente evita, não gosta ou reluta em se envolver em tarefas que exijam esforço mental prolongado (p. ex., trabalhos escolares ou lições de casa; para adolescentes mais velhos e adultos, preparo de relatórios, preenchimento de formulários, revisão de trabalhos longos).

g. Frequentemente perde coisas necessárias para tarefas ou atividades (p. ex., materiais escolares, lápis, livros, instrumentos, carteiras, chaves, documentos, óculos, celular).

h. Com frequência é facilmente distraído por estímulos externos (para adolescentes mais velhos e adultos, pode incluir pensamentos não relacionados).

i. Com frequência é esquecido em relação a atividades cotidianas (p. ex., realizar tarefas, obrigações; para adolescentes mais velhos e adultos, retornar ligações, pagar contas, manter horários agendados).

2. **Hiperatividade e impulsividade:** Seis (ou mais) dos seguintes sintomas persistem por pelo menos seis meses em um grau que é inconsistente com o nível do desenvolvimento e têm impacto negativo diretamente nas atividades sociais e acadêmicas/profissionais:

[...]

a. Frequentemente remexe ou batuca as mãos ou os pés ou se contorce na cadeira.

b. Frequentemente levanta da cadeira em situações em que se espera que permaneça sentado (p. ex., sai do seu lugar em sala de aula, no escritório ou em outro local de trabalho ou em outras situações que exijam que se permaneça em um mesmo lugar).

c. Frequentemente corre ou sobe nas coisas em situações em que isso é inapropriado. (**Nota:** Em adolescentes ou adultos, pode se limitar a sensações de inquietude).

d. Com frequência é incapaz de brincar ou se envolver em atividades de lazer calmamente.

e. Com frequência "não para", agindo como se estivesse "com o motor ligado" (p. ex., não consegue ou se sente desconfortável em ficar parado por muito tempo, como em restaurantes, reuniões; outros podem ver o indivíduo como inquieto ou difícil de acompanhar).

f. Frequentemente fala demais.

g. Frequentemente deixa escapar uma resposta antes que a pergunta tenha sido concluída (p. ex., termina frases dos outros, não consegue aguardar a vez de falar).

h. Frequentemente tem dificuldade para esperar a sua vez (p. ex., aguardar em uma fila).

i. Frequentemente interrompe ou se intromete (p. ex., mete-se nas conversas, jogos ou atividades; pode começar a usar as coisas de outras pessoas sem pedir ou receber permissão; para adolescentes e adultos, pode intrometer-se em ou assumir o controle sobre o que outros estão fazendo). (APA, 2014, p. 59-60, grifo do original)

Pelo menos seis desses sinais devem manifestar-se por, no mínimo, seis meses, de maneira que não correspondam ao nível de maturidade referente à idade do indivíduo.

Há, ainda, mais quatro critérios a serem considerados:

B. Vários sintomas de desatenção ou hiperatividade--impulsividade estavam presentes antes dos 12 anos de idade.

C. Vários sintomas de desatenção ou hiperatividade-impulsividade estão presentes em dois ou mais ambientes (p. ex., em casa, na escola, no trabalho; com amigos ou parentes; em outras atividades).

D. Há evidências claras de que os sintomas interferem no funcionamento social, acadêmico ou profissional ou de que reduzem sua qualidade.

E. Os sintomas não ocorrem exclusivamente durante o curso de esquizofrenia ou outro transtorno psicótico e não são mais bem explicados por outro transtorno mental (p. ex., transtorno do humor, transtorno de ansiedade, transtorno dissociativo, transtorno da personalidade, intoxicação ou abstinência de substância). (APA, 2014, p. 60)

Além da contabilização e da frequência, esses indícios devem apresentar-se de maneira negativa na vida e no desenvolvimento do analisado.

4.2.2 Código Internacional de Doenças (CID 10)

No CID 10, o TDAH faz parte de um conjunto muito específico de transtornos, pois está classificado no grupo dos transtornos hipercinéticos:

> Grupo de transtornos caracterizados por início precoce (habitualmente durante os cinco primeiros anos de vida), falta de perseverança nas atividades que exigem um envolvimento cognitivo, e uma tendência a passar de uma atividade a outra

sem acabar nenhuma, associadas a uma atividade global desorganizada, incoordenada e excessiva. (OMS, 1993, p. 370)

Para obter diagnóstico positivo do TDAH, é necessário que o sujeito apresente, pelo menos, **seis dos sintomas de desatenção** e/ou **seis dos sintomas de hiperatividade**. Além disso, os sintomas devem manifestar-se em, pelo menos, **dois ambientes diferentes** e por um **período igual ou superior a seis meses**.

O CID 10 (OMS, 1993, p. 136-137, grifo nosso) considera os seguintes indícios de desatenção como sinalizadores do TDAH:

Desatenção

1) Frequentemente deixa de prestar atenção a detalhes ou comete erros por descuido em atividades escolares, de trabalho ou outras.

2) Com frequência tem dificuldades para manter a atenção em tarefas ou atividades lúdicas.

3) Com frequência parece não escutar quando lhe dirigem a palavra.

4) Com frequência não segue instruções e não termina seus deveres escolares, tarefas domésticas ou deveres profissionais (não devido a comportamento de oposição ou incapacidade de compreender instruções).

5) Com frequência tem dificuldade para organizar tarefas e atividades.

6) Com frequência evita, antipatiza ou reluta a envolver-se em tarefas que exijam esforço mental constante (como tarefas escolares ou deveres de casa).

7) Com frequência perde coisas necessárias para tarefas ou atividades (por ex., brinquedos, tarefas escolares, lápis, livros ou outros materiais).

8) É facilmente distraído por estímulos alheios à tarefa.

9) Com frequência apresenta esquecimento em atividades diárias.

É importante ressaltar que o critério diagnóstico consiste em observar se seis ou mais desses sintomas persistem por no mínimo seis meses, em grau mal adaptativo, ou seja, de forma a atrapalhar o desenvolvimento, deixando o educando com um desempenho aquém do apresentado pelos alunos da mesma idade. A mesma ideia se aplica aos sintomas de hiperatividade e impulsividade, relacionados a seguir.

Hiperatividade

1) Frequentemente agita as mãos ou os pés.

2) Frequentemente abandona sua cadeira em sala de aula ou outras situações nas quais se espera que permaneça sentado.

3) Frequentemente corre ou escala em demasia, em situações nas quais isto é inapropriado (em adolescentes e adultos, pode estar limitado a sensações subjetivas de inquietação).

4) Com frequência tem dificuldade para brincar ou se envolver silenciosamente em atividades de lazer.

5) Está frequentemente "a mil" ou muitas vezes age como se estivesse "a todo vapor".

6) Frequentemente fala em demasia.

Impulsividade

1) Frequentemente dá respostas precipitadas antes de as perguntas terem sido completadas.

2) Com frequência tem dificuldade para aguardar sua vez.

3) Frequentemente interrompe ou se mete em assuntos de outros (por ex., intromete-se em conversas ou brincadeiras). (OMS, 1993, p. 138)

Os critérios do DSM-5 e do CID 10 subsidiam a conclusão diagnóstica, juntamente a testes e questionários que auxiliam e complementam o diagnóstico clínico a ser realizado por uma equipe multiprofissional, entre eles o psicólogo, o terapeuta ocupacional, o fonoaudiólogo, os educadores e os psicopedagogos.

Após a confirmação do diagnóstico de TDAH, o próximo passo é realizar o retorno para a família, com vistas a esclarecer que o TDAH consiste em um problema crônico e que o objetivo do tratamento não é curá-lo, mas organizar a vida desse indivíduo e viabilizar um comportamento funcional satisfatório na família, na escola e na sociedade. Nesse momento, deve-se explicar à família sobre o tratamento e as intervenções necessárias para os atendimentos (Rotta, 2006, citado por Bonadio; Mori, 2013).

Posteriormente, é importante que os pais estejam em constante diálogo com os profissionais que realizaram a avaliação e com os profissionais da escola, estabelecendo, assim, um elo entre a escola, os pais e a equipe clínica.

Para Rohde e Mattos (2003), a comunicação frequente entre escola e família também é um fator significativo e assegura que professores e pais possam trocar experiências relevantes e estabeleçam ações conjuntas quanto à realização dos atendimentos do educando nos contextos familiar, escolar e social.

Rohde e Halpern (2004, p. 64) apresentam uma síntese dos sintomas do TDAH:

- Duração dos sintomas de desatenção e/ou hiperatividade/impulsividade. Normalmente, crianças com TDAH apresentam uma história de vida desde a idade pré-escolar com a presença de sintomas, ou, pelo menos, um período de vários meses de sintomatologia intensa.
- Frequência e intensidade dos sintomas. Para o diagnóstico de TDAH, é fundamental que pelo menos seis dos sintomas de desatenção e/ou seis dos sintomas de hiperatividade/impulsividade descritos acima estejam presentes frequentemente (cada um dos sintomas) na vida da criança.
- Persistência dos sintomas em vários locais e ao longo do tempo. Os sintomas de desatenção e/ou hiperatividade/impulsividade precisam ocorrer em vários ambientes da vida da criança (por exemplo, escola e casa) e manter-se constantes ao longo do período avaliado. Sintomas que ocorrem apenas em casa ou somente na escola devem alertar o clínico para a possibilidade de que a desatenção, hiperatividade ou impulsividade possam ser apenas sintomas de uma situação familiar caótica ou de um sistema de ensino inadequado. Da mesma forma, flutuações de sintomatologia com períodos assintomáticos não são características do TDAH.
- Prejuízo clinicamente significativo na vida da criança. Sintomas de hiperatividade ou impulsividade sem prejuízo na vida da criança podem traduzir muito mais estilos de funcionamento ou temperamento do que um transtorno psiquiátrico.
- Entendimento do significado do sintoma. Para o diagnóstico de TDAH, é necessária uma avaliação cuidadosa de

cada sintoma, e não somente a listagem de sintomas. Por exemplo, uma criança pode ter dificuldade de seguir instruções por um comportamento de oposição e desafio aos pais e professores, caracterizando muito mais um sintoma de transtorno opositor desafiante do que de TDAH.

É importante ressaltar que não há uma cura para o TDAH, mas um tratamento – e o mesmo acontece com outros transtornos que podem surgir concomitantes a esse. Além disso, quanto mais cedo for feito o levantamento de hipóteses a partir dos possíveis sintomas do TDAH, melhores e mais adequadas serão as práticas na vida pessoal e profissional das crianças, se forem diagnosticadas.

4.2.3 Comorbidades

Quando nos referimos a comorbidades e TDAH, estamos considerando a existência de duas ou mais patologias que ocorrem de forma simultânea na mesma pessoa, ou seja, mais de um problema/transtorno ao mesmo tempo.

Além da distração, da impulsividade, dos esquecimentos, da desorganização, da pouca percepção do tempo, enfim, de todos os sintomas que o TDAH acarreta, existe a ocorrência simultânea de mais de algum outro transtorno.

O DSM-5 (APA, 2014) e os estudos de Mattos (2011), Silva (2009), Sena e Diniz Neto (2007), Teixeira (2011) e Rohde e Mattos (2003) apontam os principais transtornos associados ao TDAH:

- transtorno opositor desafiante (TOD);
- transtorno de conduta (TC);
- transtorno bipolar do humor;

- transtorno obsessivo compulsivo (TOC);
- transtorno de ansiedade generalizada (TAG);
- transtorno de tiques (TT);
- distúrbios do sono;
- pânico;
- depressão infantil;
- transtorno de leitura e escrita.

Rohde e Mattos (2003) afirmam que, na maior parte dos estudos realizados, 35% a 65% dos pacientes com TDAH apresentaram TOD. A comorbidade também varia de frequência de acordo com o sexo do paciente. Nesse caso, foram encontrados os percentuais de 63% em meninos e de 32% em meninas (Rohde; Mattos, 2003).

Outros problemas com o TDAH estão relacionados às dificuldades de aprendizagem, caso em que a ansiedade aparece com mais frequência, tornando os sintomas de impulsividade mais graves. Podem se manifestar também comportamentos agressivos e hostis.

4.3 Atendimento e orientações

Os atendimentos do TDAH envolvem várias ações, incluindo o uso de medicamentos (quando necessário), psicoterapia individual e familiar, atendimento psicopedagógico, psicomotricidade e outros.

A escola exerce um papel de extrema importância para o sucesso do tratamento, o que envolve o comportamento do professor perante a criança com TDAH e a organização do sistema de ensino com vistas à realização de ajustes e flexibilizações curriculares que se fizerem necessárias para atender esse educando. O atendimento educacional inclui adaptações curriculares e avaliação diferenciada, como descrito na Lei de Diretrizes e Bases da Educação Nacional (Lei n. 9.394, de 20 de dezembro de 1996), que assim estabelece, em seu art. 59: "os sistemas de ensino assegurarão aos educandos com necessidades educacionais especiais: I – currículos, métodos, técnicas, recursos educativos e organização específica, para atender às suas necessidades" (Brasil, 1996).

Para uma intervenção pedagógica com maior probabilidade de sucesso, Santos (2007) e Goldstein (2006) propõem uma série de estratégias, que podem ser sintetizadas nas seguintes ideias:

- É preciso proporcionar ao aluno uma boa estrutura e uma constante organização, para que se acostume com o ambiente e não se sinta hostilizado nem em um local estranho. Parte desse esforço consiste em deixá-lo se sentar perto de colegas que o respeitem ou até mesmo próximo ao professor e fora do grupo, se for necessário. É fundamental valorizar o educando dando-lhe responsabilidades; encorajá-lo e estimulá-lo sempre, demonstrar afeto, reconhecer suas qualidades e vitórias; fazê-lo se sentir necessário e importante.
- Tarefas muito complexas desanimam esse aluno. A dificuldade das atividades propostas deve aumentar gradativamente. Também é possível trabalhar com grupos pequenos em uma turma, assim fica mais fácil dar atenção individualizada a cada aluno, além de criar com mais facilidade um ambiente de cooperação.

- É imprescindível manter a comunicação com os pais do aluno para que tanto a família quanto a escola saibam o que fazer em momentos de crise ou em situações corriqueiras. É preciso investigar quais são exatamente as dificuldades e as deficiências desse aluno, para que seja possível fazer as adaptações necessárias na sala de aula e nos espaços que esse aluno frequenta no colégio. É importante, ademais, fazer uma avaliação frequente dos impactos do comportamento da criança sobre ela mesma e sobre os outros.
- O aluno com TDAH encontra problemas para se concentrar em uma só tarefa. Proporcionar a esse educando uma mudança programada do ritmo, do tipo ou da tarefa em si pode ajudar com esse problema. Nesse sentido, é válido dar a ele a oportunidade de, com supervisão, movimentar-se pelo espaço escolar, como ir à secretaria, falar com o inspetor e regar as plantas, além de trabalhar com a conscientização dos hábitos em comunidade, recompensando o esforço e os comportamentos bem-sucedidos.
- Outra sugestão é transformar o canto da sala em um local especial, desconstruindo a ideia de local de castigo. Se, porventura, o aluno necessitar de um distanciamento dos outros em decorrência de suas distrações, pelo fato de não se dar bem com os outros alunos ou por quaisquer outros motivos, não se deve isolá-lo. É preciso aplicar as mesmas atividades desenvolvidas pelos outros alunos, incentivando-o a participar ativamente. Desse modo, é indicado planejar atividades das quais a turma toda possa participar, mesmo que algum aluno esteja separado dos outros, como no caso de um exercício de alongamento.

- É interessante também que o trabalho em sala de aula não se restrinja apenas ao uso de lápis e caderno. É fundamental promover a utilização de diferentes sentidos do corpo, como olfato, paladar e tato, para introduzir um novo tema, mas atentando à dificuldade que o aluno terá ao concluir a tarefa e dando a ele mais tempo, se necessário. Também é válido fazer pausas programadas para melhorar a qualidade na retenção de informações, observando-se que, quando o aluno necessitar de uma pausa não programada, seja possível fazer as devidas modificações no planejamento.
- Por fim, é preciso delimitar regras claras e objetivas, enunciando-as pausadamente, uma por uma, além de adotar uma postura equilibrada e disciplinada e avaliar frequentemente esse aluno, procurando-se sugerir, sempre que possível, formas adequadas de lidar com determinada situação. Deve-se estar sempre atento a momentos de ansiedade e tensão e/ou isolamento, estabelecendo-se uma comunicação constante com o psicólogo ou o orientador da escola.

Síntese

Neste capítulo, abordamos o TDAH, enfocando seus sintomas, suas características e os tratamentos para esse tipo de transtorno. Discutimos os critérios para o diagnóstico do TDAH com base no que estabelecem o DSM-5 e o CID 10. Por fim, procuramos elencar medidas de intervenção e orientação para a escola e a família.

Indicações culturais

Filmes

LOUCOS de amor. Direção: Petter Naess. EUA: Equity Pictures Medienfonds GmbH & Co. KG III/Millenium Films/Big City Pictures, 2005. 94 min.

Um motorista de táxi é autista e precisa ver padrões em tudo na vida. Ao conhecer uma moça em seu grupo de ajuda a autistas, tudo muda e ele começa a se perceber apaixonado por ela.

MENTES que brilham. Direção: Jodie Foster. EUA: Orion Pictures Corporation, 1991. 99 min.

Fred Tate tem 7 anos e já manifesta habilidades acima da média das crianças de sua idade. No entanto, com receios de que o menino seja discriminado, sua mãe lhe dá uma educação regular, o que acaba limitando o potencial dele.

O MILAGRE de Anne Sullivan. Direção: Arthur Penn. EUA: Playfilms Productions, 1962. 106 min.

Helen Keller é uma moça que ficou surda e cega quando ainda era um bebê. A professora Anne Sullivan tem uma difícil tarefa pela frente ao tentar fazer com que a menina consiga interpretar o mundo e se comunicar com ele.

Atividades de autoavaliação

1. Sobre as características referentes ao quadro do transtorno do déficit de atenção com hiperatividade (TDAH), analise as assertivas a seguir e indique se são verdadeiras (V) ou falsas (F).
   ( ) Não presta atenção a detalhes.
   ( ) Tem dificuldade para concentrar-se.
   ( ) Sempre termina o que começa.
   ( ) Tem facilidade para seguir regras e instruções.
   ( ) Desvia a atenção com outras atividades.

   Agora, assinale a alternativa que apresenta a sequência correta:

   a) V, V, F, F, V.
   b) V, V, V, F, V.
   c) F, V, F, V, V.
   d) F, F, V, V, V.
   e) F, V, F, F, F.

2. O TDAH caracteriza-se por uma combinação de dois tipos de sintomas, que são:
   a) atenção e concentração.
   b) impulsividade-hiperatividade e inibição.
   c) desatenção e impulsividade-hiperatividade.
   d) impulsividade-hiperatividade e atenção.
   e) concentração e inibição.

3. Leia o texto a seguir e, depois, responda à questão.

Paulinho tem 8 anos e, geralmente, é apontado como desorganizado pelos professores. Quando uma atividade é proposta, quase sempre não a faz ou a deixa pela metade, interessando-se por outra e depois por outra, nunca concluindo o que começou e prejudicando sua aprendizagem. Por não conseguir terminar suas tarefas, não parar quieto na sala e mexer com todo mundo, atrapalhando a aula, é bombardeado por palavras desagradáveis, tanto por parte dos professores quanto por parte dos colegas. Essa atitude tende a baixar sua autoestima.

De acordo com as características de Paulinho, é possível condiderar que se trata de uma criança com:

a) transtorno bipolar.
b) dislexia.
c) deficiência intelectual.
d) TDAH.
e) discalculia.

4. A respeito dos sintomas de TDAH, analise as assertivas a seguir.
   I) Não presta atenção ao que lhe é dito.
   II) Fica remexendo as mãos e/ou os pés quando sentado.
   III) Tem dificuldade em seguir regras e instruções.
   IV) Demonstra sensação interna de inquietude.
   V) Desvia a atenção com outras atividades.
   VI) Não permanece sentado por muito tempo.

Agora, assinale a alternativa que apresenta os itens que correspondem ao sintoma de desatenção de um aluno com TDAH:

a) I, III, IV e VI.
b) III, IV e VI.
c) I, III e V.
d) I, II, III e VI.
e) Nenhuma das alternativas.

5. A respeito dos sintomas de TDAH, analise as assertivas a seguir.
   I) Não permanece sentado por muito tempo.
   II) Evita atividades que exijam um esforço mental continuado.
   III) É barulhento em atividades lúdicas.
   IV) Não presta atenção a detalhes.
   V) Tem dificuldade para concentrar-se.
   VI) É sempre muito agitado.

Agora, assinale a alternativa que apresenta os itens que correspondem ao sintoma de impulsividade-
-hiperatividade de um aluno com TDAH:

a) I, II, III e V.
b) I, III e VI.
c) I, III, V e VI.
d) II, III eIV.
e) Nenhuma das alternativas.

Atividades de aprendizagem

Questões para reflexão

1. Que tipo de intervenção você faria com um educando que apresentasse dificuldades na escola e no relacionamento com as demais crianças, os pais e os professores, caso houvesse um em sua sala de aula?

2. Para obter o diagnóstico do TDAH, é necessário que o sujeito apresente, pelo menos, seis dos sintomas de desatenção e/ou seis dos sintomas de hiperatividade. Além disso, os sintomas devem manifestar-se em, pelo menos, dois ambientes diferentes e por um período igual ou superior a seis meses. Descreva um quadro no qual o educando tenha TDAH.

Atividade aplicada: prática

1. Entreviste um neurologista a respeito dos principais sintomas do TDAH que indicam sinais de alerta para o encaminhamento a uma avaliação diagnóstica. Questione-o também a respeito dos procedimentos mais adequados a serem realizados pelos profissionais da escola para atender esse aluno no contexto escolar.

Considerações finais

Neste livro, procuramos fazer uma breve exposição acerca dos transtornos funcionais específicos da aprendizagem, esclarecendo, de modo geral, as definições e as peculiaridades da dislexia, da disgrafia, da disortografia, da discalculia e do TDAH. Tendo em vista as necessidades de atendimento educacional singular para indivíduos que apresentam esses distúrbios, os procedimentos de prevenção, de intervenção e de inclusão devem acontecer sempre que esses educandos forem identificados no contexto educacional. Assim, o papel do educador é de extrema importância para o levantamento das primeiras hipóteses relacionadas a um possível diagnóstico de transtorno de aprendizagem.

No momento em que um educando com algum transtorno funcional específico inicia a fase de alfabetização, é possível perceber os sinais de alerta e as características manifestados no contexto escolar. Nessa fase, é o educador que permanece por mais tempo com o educando, o que lhe possibilita identificar os sintomas e, assim, encaminhar a criança para uma avaliação multidisciplinar. Por meio da investigação diagnóstica, podem-se distinguir as características e peculiaridades que vão determinar como será a realização das intervenções efetivas com cada educando.

Atualmente, há uma vasta literatura sobre os transtornos de aprendizagem, o que possibilita o aprofundamento do estudo sobre o tema, subsidiando cada vez mais o educador para que possa levantar hipóteses diagnósticas e atender esses educandos com medidas de intervenção adequadas, de modo a alcançar o resultado mais favorável possível conforme a realidade da criança.

Referências

ABD – Associação Brasileira de Dislexia. **O que é dislexia?** Disponível em: <http://www.dislexia.org.br/o-que-e-dislexia/>. Acesso em: 20 abr. 2020a.

ABD – Associação Brasileira de Dislexia. **Como é feito o diagnóstico.** 19 dez. 2016. Disponível em: <http://www.dislexia.org.br/como-e-feito-o-diagnostico/> Acesso em: 20 abr. 2020b.

ABDA – Associação Brasileira do Déficit de Atenção. **O que é TDAH.** Disponível em: <https://tdah.org.br/sobre-tdah/o-que-e-tdah/>. Acesso em: 20 abr. 2020.

AJURIAGUERRA, J.; MARCELLI, D. **Manual de psicopatologia infantil.** Porto Alegre: Artes Médicas, 1991.

ALVES, R. **A alegria de ensinar.** 3. ed. São Paulo: ARS Poética, 1994.

APA – American Psychiatric Association. **Manual diagnóstico e estatístico de transtornos mentais**: DSM-5. Tradução de Maria Inês Correia Nascimento. Porto Alegre: Artmed, 2014.

ASHERSON, P. O transtorno de déficit de atenção com hiperatividade (TDAH) e a genética. In: TREMBLAY, R. E.; BOIVIN, M.; PETERS, R. de V. (Ed.). **Enciclopédia sobre o Desenvolvimento na Primeira Infância.** Montreal, Quebec: CEDJE/RSC-DJE, jul. 2013. p. 12-18. Disponível em: <http://www.enciclopedia-crianca.com/sites/default/files/dossiers-complets/pt-pt/hiperatividade-e-deficit-de-atencao-tdah.pdf>. Acesso em: 20 abr. 2020.

BASTOS, J. A. Discalculia: transtorno específico da habilidade em matemática. In: ROTTA, N.; OHLWEILER, L.; RIESGO, R. dos S. (Org.). **Transtornos da aprendizagem**: abordagem neurobiológica e multidisciplinar. São Paulo: Artes Médicas, 2006. p. 195-206.

BENCZIK, E. B. P. **Transtorno de déficit de atenção/hiperatividade**: atualização diagnóstica e terapêutica – um guia de orientação para profissionais. São Paulo: Casa do Psicólogo, 2000.

BERNARDI, J.; STOBÄUS, C. D. Discalculia: conhecer para incluir. **Revista Educação Especial**, Santa Maria, v. 24, n. 39, p. 47-60, jan./abr. 2011.

BOCK, A. M. B.; FURTADO, O.; TEIXEIRA, A. de L. T. **Psicologias**: uma introdução ao estudo de psicologia. 13. ed. São Paulo: Saraiva, 1999.

BONADIO, R. A. A.; MORI, N. N. R. **Transtorno de déficit de atenção/hiperatividade**: diagnóstico da prática pedagógica. Maringá: Eduem, 2013. Disponível em: <http://books.scielo.org/id/963vf/pdf/bonadio-9788576286578.pdf>. Acesso em: 20 abr. 2020.

BRASIL. Lei n. 8.069, de 13 de julho de 1990. **Diário Oficial da União**, Poder Legislativo, Brasília, DF, 16 jul. 1990. Disponível em: <http://www.planalto.gov.br/ccivil_03/leis/l8069.htm>. Acesso em: 20 abr. 2020.

BRASIL. Lei n. 9.394, de 20 de dezembro de 1996. **Diário Oficial da União**, Poder Legislativo, Brasília, DF, 23 dez. 1996. Disponível em: <http://www.planalto.gov.br/ccivil_03/leis/ L9394.htm>. Acesso em: 20 abr. 2020.

BRASIL. Lei n. 10.172, de 9 de janeiro de 2001. **Diário Oficial da União**, Poder Legislativo, Brasília, DF, 10 jan. 2001a. Disponível em: <http://www.planalto.gov.br/ccivil_03/leis/leis_2001/l10172.htm>. Acesso em: 20 abr. 2020.

BRASIL. Ministério da Educação. **Política Nacional de Educação Especial na Perspectiva da Educação Inclusiva**. Brasília, jan. 2008. Disponível em: <http://portal.mec.gov.br/arquivos/pdf/politicaeducespecial.pdf>. Acesso em: 20 abr. 2020.

BRASIL. Ministério da Educação. Conselho Nacional de Educação. Câmara de Educação Básica. Parecer n. 17, de 3 de julho de 2001. **Diário Oficial da União**, Brasília, DF, 17 ago. 2001b. Disponível em: <http://portal.mec.gov.br/seesp/arquivos/pdf/parecer17.pdf>. Acesso em: 20 abr. 2020.

BRENELLI, R. P. **O jogo como espaço para pensar**: a construção de noções lógicas e aritméticas. Campinas: Papirus, 1996.

CAPOVILLA, A. G. S. Compreendendo a dislexia: definição, avaliação e intervenção. **Cadernos de Psicopedagogia**, v. 1, p. 36-59, 2002.

CARDOSO FILHO, C. R. **Jogos matemáticos para estimulação da inteligência nos distúrbios de discalculia**. Disponível em: <http://artigos.netsaber.com.br/resumo_artigo_1649/artigo_sobre_jogos-matemeaacute-ticos-para-estimulaeccedil-eatilde-o-da-intelige ecirc-ncia-nos-disteuacute-rbios-de-discalculia>. Acesso em: 20 abr. 2020.

CARRAHER, T. (Org.). **Aprender pensando**: contribuições da psicologia cognitiva para a educação. Petrópolis: Vozes, 2002.

CIASCA, S. M. Distúrbio de aprendizagem: uma questão de nomenclatura. **Revista Sinpro**, Rio de Janeiro, p. 4-8, 2005.

CIASCA, S. M. **Distúrbios de aprendizagem**: proposta de avaliação interdisciplinar. 3. ed. São Paulo: Casa do Psicólogo, 2008.

CIASCA, S. M. **Distúrbios e dificuldades de aprendizagem em crianças**: análise do diagnóstico interdisciplinar. 180 f. Tese (Doutorado em Neurociências) – Universidade Estadual de Campinas, Campinas, 1994.

CIASCA, S. M.; ROSSINI, S. D. R. Distúrbios de aprendizagem: mudanças ou não? Correlação de dados de uma década de atendimento. **Temas sobre Desenvolvimento**, v. 8, n. 48, p. 11-16, 2000.

COLLARES, C. A. L.; MOYSÉS, M. A. A. A história não contada dos distúrbios de aprendizagem. **Cadernos Cedes**, Campinas, n. 28, p. 31-48, 1992.

COSTA, E. Transtorno de déficit de atenção com hiperatividade – TDAH. **Psicoedu – Psicologia para Educadores**, 2016. Disponível em: <https://www.psicoedu.com.br/2016/12/tdah-transtorno-do-deficit-de-atencao.html>. Acesso em: 20 abr. 2020.

COUTO, T. S. et al. Aspectos neurobiológicos do transtorno do déficit de atenção e hiperatividade (TDAH): uma revisão. **Ciências & Cognição**, v. 15, n. 1, p. 241-251, 2010.

CRUZ, V. **Dificuldades de aprendizagem específicas**. Lisboa: Lidel, 2009.

CYPEL, S. **A criança com déficit de atenção e hiperatividade**: atualização para pais e professores e profissionais da saúde. 2. ed. São Paulo: Lemos, 2003.

DISLEXIA: diagnóstico e tratamento. 20 jun. 2007. Disponível em: <http://www.bengalalegal.com/dislexia>. Acesso em: 20 abr. 2020.

DISTÚRBIOS e transtornos. Disponível em: <https://pedagogiaaopedaletra.com/disturbios-e-transtornos/>. Acesso em: 20 abr. 2020.

FONSECA, V. **Cognição, neuropsicologia e aprendizagem**: abordagem neuropsicológica e psicopedagógica. Petrópolis: Vozes, 2005.

FONSECA, V. **Introdução às dificuldades de aprendizagem**. Porto Alegre: Artes Médicas, 1995.

GARCÍA SÁNCHEZ, J. N. **Dificuldades de aprendizagem e intervenção psicopedagógica**. Tradução de Ernani Rosa. Porto Alegre: Artmed, 2004.

GIMENEZ, E. H. R. Dificuldade de aprendizagem ou distúrbio de aprendizagem? **Revista de Educação**, v. 8, n. 8, p. 78-83, 2005. Disponível em: <http://pgsskroton.com.br/seer/index.php/educ/article/viewFile/2214/2109>. Acesso em: 20 abr. 2020.

GOLDSTEIN, S. **Hiperatividade**: compreensão, avaliação e atuação – uma visão geral sobre o TDAH. Campinas: Papirus, 2006.

GOLDSTEIN, S.; GOLDSTEIN, M. **Hiperatividade**: como desenvolver a capacidade de atenção da criança. 3. ed. Campinas: Papirus, 2004.

GRAEFF, R. L.; VAZ, C. E. Personalidade de crianças com transtorno de déficit de atenção e hiperatividade (TDAH) por meio do Rorschach. **Psicologia: Teoria e Pesquisa**, Brasília, v. 22, n. 3, p. 269-276, 2008.

IDA – International Dyslexia Association. **Definition of Dyslexia**. Disponível em: <https://dyslexiaida.org/definition-of-dyslexia/>. Acesso em: 20 abr. 2020.

INSTITUTO ABCD. Disponível em: <https://www.institutoabcd.org.br/>. Acesso em: 20 abr. 2020.

JAFFERIAN, V. H. P.; BARONE, L. M. C. O aluno com diagnóstico de TDAH e o manejo em sala de aula: um desafio para o professor. **Revista Primus Vitam**, Anais do II Congresso Internacional e VII Congresso Nacional de Dificuldades de Ensino e Aprendizagem, Osasco, n. 9, p. 1-9, jan./jun. 2017.

JARDINI, R. S. R. "**Método das boquinhas**": alfabetização e reabilitação dos distúrbios da leitura e escrita. 3. ed. São Paulo: Casa do Psicólogo, 2006. (Livro 1: Fundamentação teórica).

JOHNSON, D. J.; MYKLEBUST, H. R. **Distúrbios de aprendizagem**: princípios e práticas educacionais. São Paulo: Pioneira, 1983.

KAMII, C. **A criança e o número**: implicações educacionais da teoria de Piaget para a atuação junto a escolares de 4 a 6 anos. 36. ed. Campinas: Papirus, 2008.

KLEIN, B. R. O fator emocional e o fracasso resultado escolar: um diagnóstico através de técnicas gráficas e verbais com as crianças que apresentam dificuldades de aprendizagem. In: ENCONTRO CIENTÍFICO-PEDAGÓGICO, 6.; SIMPÓSIO DE EDUCAÇÃO DA FAFI, 3., União da Vitória. **Pesquisa, educação e cultura**: relações determinantes na ação do educador. Porto União: Unigraf, 2009. v. 1. p. 1-12.

KVILEKVAL, P. **Método panlexia para reeducação da dislexia na língua portuguesa**: nível I – exercícios de consoantes e vogais em palavras e frases de duas e três sílabas. Curitiba: P. Kvilekval, 2004.

LURIA, A. R. **Fundamentos de neuropsicologia**. Rio de Janeiro: Livros Técnicos e Científicos; São Paulo: Edusp, 1981.

MACHADO, J. M. **Tomada de consciência no jogo "O caminho para o tesouro do pirata" de alunos com dificuldades de aprendizagem em fração que frequentam sala de recursos**. 124 f. Dissertação (Mestrado em Educação) – Universidade Federal do Paraná, Curitiba, 2006.

MATTOS, P. **No mundo da lua**: perguntas e respostas sobre transtorno do déficit de atenção com hiperatividade em crianças, adolescentes e adultos. 10. ed. Rio de Janeiro: ABDA, 2011.

MIRANDA, M. C. Cabeça nas nuvens. **Revista Mente & Cérebro**, mar. 2008.

MORAES, H. N. de. **O psicopedagogo e as intervenções nas dificuldades de aprendizagem**. 118 f. Monografia (Especialização em Psicopedagogia) – Universidade Cândido Mendes, Rio de Janeiro, 2017.

MOUSINHO, R.; NAVAS, A. L. Mudanças apontadas no DSM-5 em relação aos transtornos específicos de aprendizagem em leitura e escrita. **Revista Debates em Psiquiatria**, p. 38-42, maio/jun. 2016.

MULLER, L. Linguística e psicopedagogia: contribuições para uma prática não medicalizante. **Construção Pedagógica**, Campinas, v. 22, n. 23, p. 104-120, 2014. Disponível em: <http://pepsic.bvsalud.org/pdf/cp/v22n23/09.pdf>. Acesso em: 20 abr. 2020.

NOVAES, M. A. F. **Transtornos de aprendizagem**. 2007. Disponível em: <http://www.plenamente.com.br/diagnosticos7.htm>. Acesso em: 10 mar. 2018.

NUTTI, J. Z. Distúrbios, transtornos, dificuldades e problemas de aprendizagem. **Psicopedagogia, Educação & Saúde**, São Paulo, maio 2002.

OLIVEIRA, M. K. de. **Vygotsky**. São Paulo: Scipione, 1993.

OMS – Organização Mundial da Saúde. **Classificação de transtornos mentais e de comportamento da CID-10**: descrições clínicas e diretrizes diagnósticas. Porto Alegre: Artes Médicas, 1993.

PAIN, S. **Diagnóstico e tratamento dos problemas de aprendizagem**. Porto Alegre: Artes Médicas, 1992.

PARANÁ. Secretaria de Estado da Educação. **Curso de Avaliação Psicoeducacional no Contexto Escolar**. Curitiba: SEED/DEEIN, 2013a.

PARANÁ. Secretaria de Estado da Educação. Superintendência da Educação. Programa de Desenvolvimento Educacional. **Os desafios da escola pública paranaense na perspectiva do professor PDE**, v. 1, 2013b. Disponível em: <http://www.diaadiaeducacao.pr.gov.br/portals/cadernospde/pdebusca/producoes_pde/2013/2013_fafipa_ped_artigo_luciane_de_andrade.pdf>. Acesso em: 20 abr. 2020.

PAULA, G. R. et al. Neuropsicologia da aprendizagem. **Revista Psicopedagogia**, v. 23, n. 72, p. 224-231, 2006.

PEREIRA, R. S. **Dislexia e disortografia**: programa de intervenção e reeducação. Montijo: You! Books, 2009. v. I e II.

PIAGET, J. **Biologia e conhecimento**. 2. ed. Petrópolis: Vozes, 1996.

PIAGET, J. **L'épistémologie génétique**. Paris: PUF, 1970.

PIAGET, J. **Epistemologia genética**. Petrópolis: Vozes, 1971.

POETA, L. S.; ROSA NETO, F. Estudo epidemiológico dos sintomas do transtorno do déficit de atenção/hiperatividade e transtornos de comportamento em escolas da rede pública de Florianópolis usando a EDAH. **Revista Brasileira de Psiquiatria**, v. 26, n. 3, p. 150-155, 2004.

RIECHI, T. I. J. S. **Uma proposta de leitura neuropsicológica dos problemas de aprendizagem**. Dissertação (Mestrado em Educação) – Universidade Federal do Paraná, Curitiba, 1996.

ROHDE, L. A. et al. Transtorno de déficit de atenção/hiperatividade. **Brazilian Journal of Psychiatry**, São Paulo, v. 22, n. 2, p. 7-11, 2000. Disponível em: <http://www.scielo.br/scielo.php?script=sci_arttext&pid=S1516-44462000000600003>. Acesso em: 20 abr. 2020.

ROHDE, L. A.; HALPERN, R. Transtorno de déficit de atenção/hiperatividade: atualização. **Jornal de Pediatria**, Porto Alegre, v. 80, n. 2, p. 61-70, 2004. Disponível em: <http://www.scielo.br/scielo.php?script=sci_arttext&pid=S0021-75572004000300009>. Acesso em: 20 abr. 2020.

ROHDE, L. A.; MATTOS, P. (Org.). **Princípios e práticas em transtorno de déficit de atenção/hiperatividade**. Porto Alegre: Artmed, 2003.

RUBINSTEIN, E. Em busca dos responsáveis: diante das dificuldades de aprendizado, um olhar mais aguçado sobre o sujeito na sua totalidade e complexidade. **Ciência & Vida**, São Paulo, n. 2, p. 38-47, mar./abr. 2009.

SAMPAIO, S. **Dificuldades de aprendizagem**: a psicopedagogia na relação sujeito, família e escola. Rio de Janeiro: Wak, 2010a.

SAMPAIO, S. **Dislexia**. 9 out. 2010b. Disponível em: <https://www.psicopedagogiabrasil.com.br/em-branco-c1qq9>. Acesso em: 20 abr. 2020.

SANTOS, D. T. A formação do professor de educação física para o trato com alunos portadores do transtorno de déficit de atenção e hiperatividade. **EFDeportes**, Buenos Aires, ano 12, n. 114, nov. 2007. Disponível em: <https://www.efdeportes.com/efd114/trans torno-de-deficit-de-atencao-e-hiperatividade.htm>. Acesso em: 20 abr. 2020.

SÃO PAULO. Conselho Estadual de Educação. Deliberação n. 11, de 11 de dezembro de 1996. **Diário Oficial**, São Paulo, 28 dez. 1996. Disponível em: <http://siau.edunet.sp.gov.br/ItemLise/arquivos/notas/delcee11_96.html>. Acesso em: 20 abr. 2020.

SÃO PAULO. Conselho Estadual de Educação. Indicação n. 5, de 15 de abril de 1998. **Diário Oficial**, São Paulo, 23 set. 1998. Disponível em:<http://www.lite.fe.unicamp.br/cee/i0598.html>. Acesso em: 20 abr. 2020.

SEBRA, A. G.; DIAS, N. M. Métodos de alfabetização: delimitação de procedimentos e considerações para uma prática eficaz. **Revista Psicopedagogia**, São Paulo, v. 28, n. 87, p. 306-320, 2011. Disponível em: <http://pepsic.bvsalud.org/scielo.php?script=sci_arttext&pid=S0103-84862011000300011&lng=pt&tlng=pt>. Acesso em: 20 abr. 2020.

SENA, S. S; DINIZ NETO, O. **Distraído e a 1000 por hora**: guia para familiares, educadores e portadores de transtornos de déficit de atenção/hiperatividade. Porto Alegre: Artmed, 2007.

SILVA, A. B. B. **Mentes inquietas**: TDAH: desatenção, hiperatividade e impulsividade. Rio de Janeiro: Objetiva, 2009.

SILVA, F. **Disgrafia**: sintomas e tratamentos. 23 abr. 2017. Disponível em: <https://www.e-konomista.pt/disgrafia/>. Acesso em: 20 abr. 2020.

SISTO, F.; MARTINELLI, S. **Afetividade e dificuldades de aprendizagem**: uma abordagem psicopedagógica. São Paulo: Vetor, 2006.

SNOWLING, M. J. Dislexia desenvolvimental: uma introdução e visão teórica geral. In: SNOWLING, J.; STACKHOUSE, J. (Org.). **Dislexia, fala e linguagem**: um manual do profissional. Tradução de M. F. Lopes. Porto Alegre: Artmed, 2004. p. 11-21.

STROH, J. B. TDAH: diagnóstico psicopedagógico e suas intervenções através da psicopedagogia e da arteterapia. **Construção Psicopedagógica**, São Paulo, v. 18, n. 17, p. 83-105, dez. 2010. Disponível em: <http://pepsic.bvsalud.org/scielo.php?script=sci_arttext&pid=S1415-69542010000200007>. Acesso em: 20 abr. 2020.

TEIXEIRA, G. **Desatentos e hiperativos**: manual para alunos, pais e professores. Rio de Janeiro: BestSeller, 2011.

TORRES, R.; FERNÁNDEZ, P. **Dislexia, disortografia e disgrafia**. Amadora: McGrawHill, 2001.

VALLET, R. E. **Tratamento dos distúrbios de aprendizagem**. São Paulo: Edusp, 1977.

VIGOTSKI, L. S. A. **Psicologia pedagógica**. São Paulo: M. Fontes, 2001.

WEINSTEIN, M. A. Transtornos específicos da aprendizagem – Parte 1. **Coruja Educação**, 12 maio 2016. Disponível em: <http://corujaedu.com.br/2016/05/12/transtornos-especificos-da-aprendizagem-parte-1/>. Acesso em: 20 abr. 2020.

Bibliografia comentada

CIASCA, S. M. **Distúrbios de aprendizagem**: proposta de avaliação interdisciplinar. 3. ed. São Paulo: Casa do Psicólogo, 2008.
Nesse livro, Sylvia Maria Ciasca apresenta uma visão multidisciplinar de um diálogo com crianças e adolescentes que têm dificuldades e distúrbios de aprendizagem. A abordagem é baseada na neuropsicopedagogia, incluindo o desenvolvimento das funções cerebrais e comportamentais e a forma como podem contribuir no processo de ensino e aprendizagem. A autora enfatiza a importância da produção de um laudo preciso e destaca a grande responsabilidade da família na busca de profissionais, pois, segundo ela, quanto mais cedo o diagnóstico for realizado, mais oportunidades terá a criança/jovem de se desenvolver

DUPAUL, G. J.; STONER, G. **TDAH nas escolas**: estratégias de avaliação e intervenção. São Paulo: M. Books, 2007.
Esse livro de George J. DuPaul e Gary Stoner apresenta encaminhamentos essenciais para técnicos e profissionais que trabalham em escolas e estão empenhados no atendimento às necessidades de alunos com TDAH. A obra agrupa os mais recentes avanços em teoria, pesquisas, políticas e práticas, incluindo estudos atualizados de casos. Embora o TDAH sempre estivesse atrelado aos profissionais que atuam em clínicas, os autores assinalam o papel da educação no diagnóstico

e no acompanhamento a serem realizados por orientadores educacionais, administradores escolares e professores diante dos desafios associados ao transtorno nos últimos anos.

FONSECA, V. **Cognição, neuropsicologia e aprendizagem**: abordagem neuropsicológica e psicopedagógica. Petrópolis: Vozes, 2005.
Esse livro introduz conceitos teóricos e metodologias para uma avaliação ativa, os quais podem ser incorporados como elementos de uma educação cognitiva. A obra foi realizada por profissionais e estudantes de psicologia, pedagogia, educação especial e reabilitação. É bem interessante, pois mostra que, embora a educação cognitiva tenha uma herança de quase 100 anos, os conceitos aplicados em sala de aula são bastante recentes.

GARCÍA, J. N. **Manual de dificuldades de aprendizagem**: linguagem, leitura, escrita e matemática. Porto Alegre: Artes Médicas, 2004.
Esse livro oferece respostas sérias e objetivas a uma das maiores indagações dos profissionais da educação: Por que alguns alunos não conseguem solucionar problemas matemáticos? Na obra, o autor detecta as causas das dificuldades e as estratégias que podem ser utilizadas no dia a dia da sala de aula. Além disso, aponta o que realmente se pode esperar de cada educando, levando-se em conta suas capacidades e seu tipo de aprendizagem.

Respostas

Capítulo 1

1. b
2. c
3. b
4. c
5. b

Capítulo 2

1. d
2. a
3. c
4. b
5. d

Capítulo 3

1. b
2. b
3. b
4. c
5. b

Capítulo 4

1. a
2. c
3. d
4. c
5. b

Sobre a autora

Járci Maria Machado é graduada em Psicologia pela Universidade Estadual de Maringá (UEM) e em Pedagogia pela Faculdade de Filosofia, Ciências e Letras de Jandaia do Sul. Tem especialização em Magistério pelo Instituto Brasileiro de Pós-Graduação e Extensão (Ibpex) e em Psicopedagogia Clínica e Institucional pela Faculdade São Braz. É mestre e doutora em Educação pela Universidade Federal do Paraná (UFPR). Tem pós-doutorado pelo Programa Nacional de Pós-Doutorado (PNPD) vinculado à Universidade Estadual do Centro-Oeste (Unicentro). Iniciou a carreira de magistério atuando na educação infantil, nas séries iniciais e na formação de professores. Foi diretora e coordenadora em escolas da rede pública. Atuou como técnica pedagógica na Secretaria de Estado da Educação, Departamento de Educação Especial. Tem experiência em educação, educação especial, psicologia clínica, avaliação psicoeducacional e docência em cursos de graduação e especialização *lato sensu*, nas modalidades presencial e a distância (EaD), nas áreas de pedagogia, psicopedagogia e educação especial. Atuou na equipe pedagógica da Escola Estadual de Educação Especial Lucy Requião de Mello e Silva. Atualmente, trabalha na área de psicologia clínica.

Impressão:
Junho/2020